大学とは何か

吉見俊哉
Shunya Yoshimi

Eurus

Notus

Zephyrus

岩波新書
1318

目次

目次

序章　大学とは何か

大学とは何か

今日、大学はかつてない困難な時代にある。一九九〇年代以降、大学設置基準の大綱化とその結果生じた教養教育の崩壊、大学院重点化、国立大学の法人化、少子化による全入化傾向や学生の学力低下、若手研究者ポストの不安定化、グローバル化と留学生の急増等々、数多の大波が次々に押し寄せ、大学はその制度のなりたちを根本から揺るがされる時代に入った。大学運営の仕組みも大学教師の生活も、すでに以前とはすっかり異なるものになりつつある。

こうしたなかで、「大学」は昨今、ますます教育学者からジャーナリズム、政財界まで含めた幅広い人々の論議の的となってきた。これほど「大学」が世間の耳目を集めるのは、かつて学生たちの叛乱によって大学の根本が問われた六〇年代末以来ともいえる。大学が直面する今日的困難を、教育学者はしばしば制度史的な側面から分析し、学長経験者や文科省ＯＢは自らの経験から回顧し、教育ジャーナリストは当事者の聞き取りから浮かび上がらせてきた。

しかし、それらを通覧して何かが欠けているようにも思われる。それは、「大学とは何か」という問い、つまり大学概念自体にかかわる問いを、大学が直面する目前の困難と切り結んでいく作業である。今日の多くの大学論で、大学という制度は所与の前提とされ、その現代における激変が語られる。しかし、今必要なのは、「大学」の概念そのものの再定義、あるいは「大学とは何か」という古くからの問いに対する新たな仕方での返答の試みなのではないか。

たしかに、こうした問いがまるでなされてこなかったわけではない。むしろ近年、何人かの論者によって、大学における「教養」の再構築が叫ばれてきた。大綱化により教養教育が危機に瀕し、大学院重点化により学部教育自体も軽視されがちになり、専門職大学院等の設立でますますこの傾向が強まるなかで、教養の場としての大学という根幹的な概念が空洞化してしまったという批判である。この批判は、おそらく正しい。しかし、批判の先にあるべき道は、必ずしも「教養」の再構築だけではない。「教養」の再構築という以上に「大学」の再定義、大学を、それが過去二世紀に存在したのとは異なる仕方で、つまり旧来の「教養」再興に回帰させないポスト国民国家時代の可能的な場として再定義することが必要なのではないか。

こうした再定義は、今日大学に注がれる社会の厳しい視線への問い返しという意味でも不可欠に思われる。たとえば民主党政権誕生後、華々しく進められた事業仕分けは大学関連の基盤的予算にも及び、運営費交付金の一部見直し、グローバルCOEや大学院改革プログラム等の予算縮減、スーパーコンピュータなど大規模科学技術予算の縮減が決まった。これに対して大学関係者は一斉に反発する。旧七帝大と早稲田、慶應の学長が共同で「大学の研究力と学術の未来を憂う」とする共同声明を発し、公的投資の明確な目標設定と継続的拡充や大学の基盤的経費の充実、政府と大学界の対話の重視等を訴えた他、ノーベル賞、フィールズ賞の受賞者たちも連名で、基礎研究費の継続中断は次代を担う人材を枯渇させ、日本の科学技術の未来に「取り返しのつかない」事態を生じさせるとする緊急声明を発した。多くの研究者や科学技術団体が大学の基礎的研究費の確保と充実を訴える声明を発し、その数は二〇件近くに上った。

このような大学人からの悲痛な訴えは、多くの大学で教育研究費や教職員数の切り詰めがほぼ限界に達しつつあるとの認識に基づくものである。だが、全般的にみるならば、著名な大学人を先頭に立てた訴えすらも強い世論の支持を受けるに至らなかった。この状況は、日本の高等教育に対する公財政支出が世界最低の水準にある事実と並べてみるとき、ますます気の滅入るものとなる。高等教育機関への公財政支出のGDPに占める割合を国別で比較すると、日本のGDP比は約〇・五%で、メキシコや韓国よりも低く、米国やフランス等の欧米諸国の半分以下、フィンランド等の北欧諸国の三分の一以下である(図1)。そもそも日本は、教育に対する公財政支出そのものが弱く、二〇〇七年の統計で三・三%とOECD各国のなかで最下位、高水準の北欧諸国はもちろん、四%台と相対的には低レベルの韓国やイタリアよりも低い。二

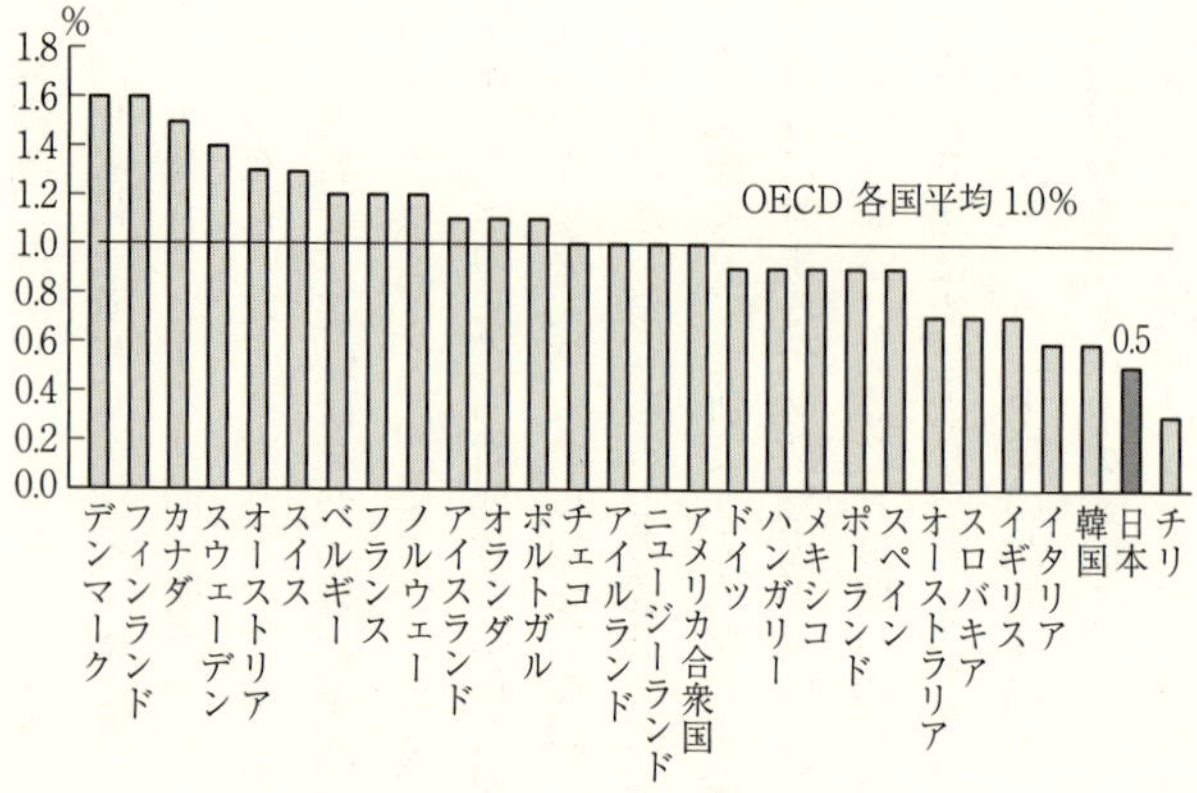

出典：OECD『図表でみる教育』2010 年版

図 1　高等教育機関への公財政支出の対 GDP 比(2007 年)

〇〇九年に起きた政権交代は、国家政策の基軸をハコづくりからヒトづくりへ転換させるのではと期待させたが、どうやら空証文で終わりそうである。ヒトづくりの根本は教育にある。この教育を、もう何十年もこの国はどれほど疎かにしてきたことだろうか。

国から最低の財政的支援しかなされず、かといって米国のような寄附税制の仕組みも育たないなか、日本で戦後長らくそれなりの教育の質の維持と大学の拡大が続いてきたのは、多くの日本人が、国家が支援しない分を家計で負担し、それによって教育を下支えしてきたからである。「寺子屋精神が日本の知能を支えてきた」と言えば聞こえはいいが、一つ一つの家計が支えてきたのは「わが子の学歴獲得」で、公共的な学びの価値ではない。その結果、この国で異様な

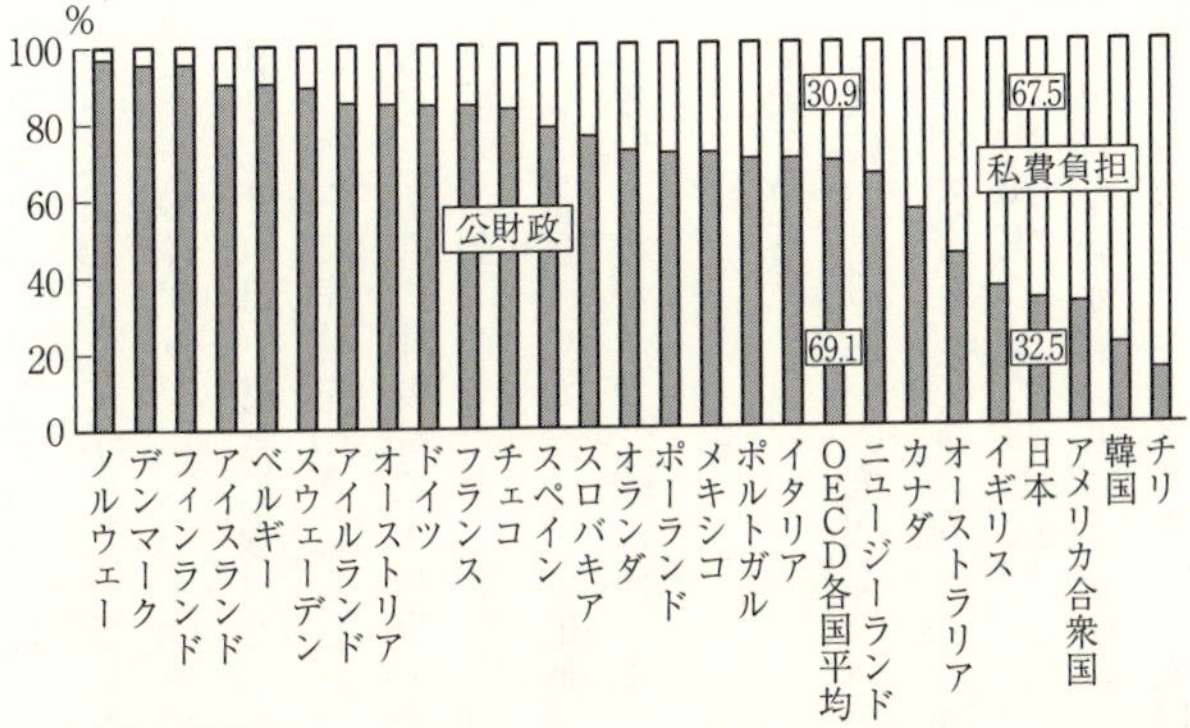

出典：同前

図2　教育機関への教育支出の公私負担割合(高等教育，2007年)

までに発展したのは塾産業とマンモス私立大学だった。全国津々浦々、どこの街でも大学受験から小学校受験までの塾がひしめいている。日本の家庭は、一生懸命働いて稼いだ家計の相当部分を子どもの塾代に支出する。塾に行けばそれなりの学力は身につくわけで、受験産業の繁茂が公的な教育システムの脆弱さを補ってきたと皮肉まじりに言うことになる。

ところが、そうやって長年投資した甲斐あってわが子が望みの大学に合格すると、今度はその少なからぬ学費が再び家計を圧迫する。高等教育への教育支出のなかで公財政支出が占める割合は、北欧諸国がほぼ全額に近く、ドイツやフランスでも八割以上、OECD諸国全体の平均でも七割なのに、日本は約三割である(図2)。それだけ大学に進学してからも、親の家計がわが子の学費の面倒をみていることになる。実はこの膨大な私的負担が、この国の私立大学の大発展を支えてきたのだ。日本の私大は、戦後改革で諸々の規制がはずれた後、教育の質の問題を後回しにして学生数を急膨張させ、その学費からくる収入で大学の規模拡大を実現してきた。そのひずみが、六〇年代末の学生叛乱の一因となったことは後述する。

親からすれば、塾代になけなしの家計のやりくりをし、ようやく合格させることができた大学に、さらに学費をつぎ込むことで得ようとするのはわが子の学歴である。学歴さえ得られるのなら、教育の中身のことは問わない。大学側にしても、十分な学費収入を確保できれば、教育の質の向上はさておき、それを事業拡大に使おうとすることが多かった。こうして高等教育が未来の社会でいかなる公共的価値を担いうるのかという根本の問いは、公財政支出を抑え続ける政府とわが子の受験に夢中な家庭の狭間で捨て置かれ続けた。

爆発する大学

現代における大学の危機とはいかなる危機なのか。教養の崩壊と学生の学力低下、大学教育の可能性や学位に対する驚くべき世間の無理解、教職員の定員削減と新自由主義的価値の浸透といった現実に日々接していると、いまやこの国では、大学という制度は絶滅種に属しつつあるのではないかという思いに囚われることがある。しかし、大学が孤島の純粋種で、外来の諸々の脅威にさらされて絶滅の危機に瀕していると考えるのは、大学をあまりにロマン化すぎている。大学は、少なくとも現状においては絶滅種ではない。それどころか、この二〇年、三〇年の単位で世界の潮流を考えたとき、大学という制度はむしろ大爆発を続けているのだ。それはまるで、ある種が突如として大繁殖を始め、地上を覆い尽くし、やがて自らの過剰とそれがもたらす循環系の破壊のために絶滅に向かっていく、その直前のようである。

　それというのも、世界の大学や学生数は、二〇世紀初頭までは限られたものだったが、第二次大戦後になると急速に増大し始め、さらにこの三〇年間で爆発的に増大してきた。たとえば図3は、一九七〇年代以降の高等教育機関への入学者数の変化を示したユネスコの統計である。これを見ると、この三十数年、世界の大学生が継続的に増加し、九〇年代半ば以降は激増してきたことがわかる。とりわけ、九〇年代以降の変化を支えてきたのは、東アジア諸国の大学生

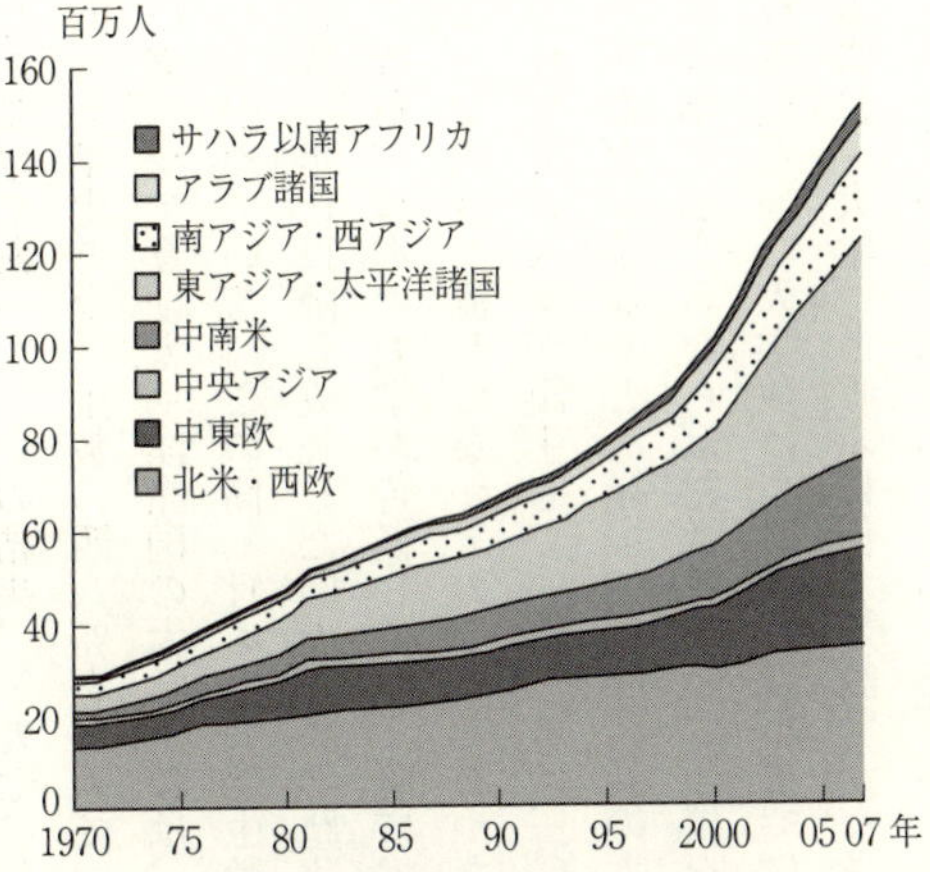

出典：UNESCO, Global Education Digest 2009

図3　高等教育機関への入学者数（地域別，1970〜2007年）

数の激増であった。その結果、一九七〇年の時点では、世界の大学生の最大多数は北米及び西欧の大学生で全学生数の四八％を占めていたのが、二〇〇七年までに二三％と減り続け、反対に東アジア及び太平洋諸国の大学生数は、七〇年の一四％から〇七年には三一％と最多数にのし上がっている。この間、日本の大学生数は漸増だったから、激増の主要部分は中国や韓国など八〇年代以降急成長した国々の高学歴化に支えられたものである。

近年、日本の大学が苦悩している間に、中国のトップ大学が大発展を遂げてきたのは、このような大きな流れのなかでのことであった。当然、一部のトップ大学だけでなく、膨大なにわか仕立ての大学が誕生している。この三〇年間、世界でどれだけ大学が新設されたかの詳細は不明だが、少なくとも米国には四年制の大学が約二四〇〇校あり、これに約一七〇〇校の二年制大学を加えるならば総数は四〇〇〇校を超える。中国の場合、一九九〇年の時点で一〇〇〇校程度だった大学数は、二〇〇五年までに約一八〇〇校に増えたとも言われている。それぞれ本当に「大学」と呼ぶに値する教育がなされているかはさておき、今日の世界のすべての大学を合計すると、おそらく一万校を下らないのではないか。しかもこの数は、今も増え続けている。今後の経済発展を視野に入れれば、中国と同様のことはインドでも生じるであろう。

もちろん、変化は途上国だけで起きているのではない。たとえば英国では、一九九二年、すべての専門学校（ポリテクニク）を学位授与権のある大学に昇格させた。この措置により、英国の大学数は一挙に二倍になり、大学生数も五割増加した。こうしてそれまで一八歳から二一歳までの人口の六％程度しかフルタイムの大学生でなかった古典的大学文化の伝統国が、一挙に一五〇〇万人以上の多様な学生をかかえるマス型高等教育の国へと変貌したのである。

このような流れによって、修士号、博士号などの学位取得者の数も爆発的に増え、国境を越えた大学間の結びつきは、留学生の増大や論文の相互の参照、共同研究の増加によっても広がっている。だいたい今日、どれほど多くの大学教授や留学生が世界を旅し続けていることだろう。世界のどこの主要都市の空港でも、入国手続きを経た出口には、お目当ての「プロフェッサー」を国際会議場に連れていくために手配された案内人が何人も立っている。大量の大学教授や留学生は、一人ひとりは金持ちではないが、すでにその数において世界の航空会社の得意客となっている。今日の世界で、大学という制度の支配力は縮小するどころか圧倒的なものになっており、グローバルな知識生産体制の支配的部分をなしている。したがって我々は、大学の絶滅を心配する前にまず、グローバルな知識体制として爆発しつつある「大学」が、その実質においていかに変質し、深刻な困難に直面しているのかを問わなければならない。

少子化日本の大学バブル

それでは他方、日本国内の大学の状況はどうか。一九七〇年代初頭まで、日本の大学生数は毎年五〜一〇万人の規模で増加し続けてきたが、七八年の一八六万人を頂点に減少に転じている。しかし、団塊の世代ジュニアが一八歳に達する八〇年代後半には再び増加に転じ、九〇年代、この世代が大学を去った後も増加は続く。九五年には全学生数が二五〇万人を突破し、二〇〇三年には二八〇万人に達している。全体として、一八歳人口が減少しているのに学生数だけが増加し続けるのは奇妙だが、その要因は、主に進学率のさらなる上昇である。八〇年代は三〇%台だった大学進学率は、九〇年代に入って増加を続け、九五年に四〇%、二〇〇〇年には四七%、二〇〇五年にはついに五〇%を突破する(図4)。これに、大学院生の激増、留学生の増加などの要因が加わり、九〇年代以降、日本の大学在籍者数は増え続けていった。

ここで重要なのは、大学数も継続的に増加してきたことである。敗戦時まではわずか四八校にすぎなかった日本の大学数は、一九六五年に三〇〇校、七五年に四〇〇校を超える。ここまでは、一八歳人口そのものが増加し続けていたわけだから理解できなくはない。ところが大学数は、九〇年に五〇七校、九五年に五六五校、二〇〇〇年に六四九校、二〇〇五年に七二六校と、一八歳人口の減少にかかわりなくその後も増え続けたのである(図5)。九〇年代以降の大学進学率の上昇は、多少なりともこうして増え続けた大学側からの新たな需要の掘り起こしの結果であった。この頃から、広告紙面をつかった大学の広報活動が盛んになり、各大学は、様々なイメージ戦略に熱心に取り組むようになった。これは、もともと大学に入りたい膨大な

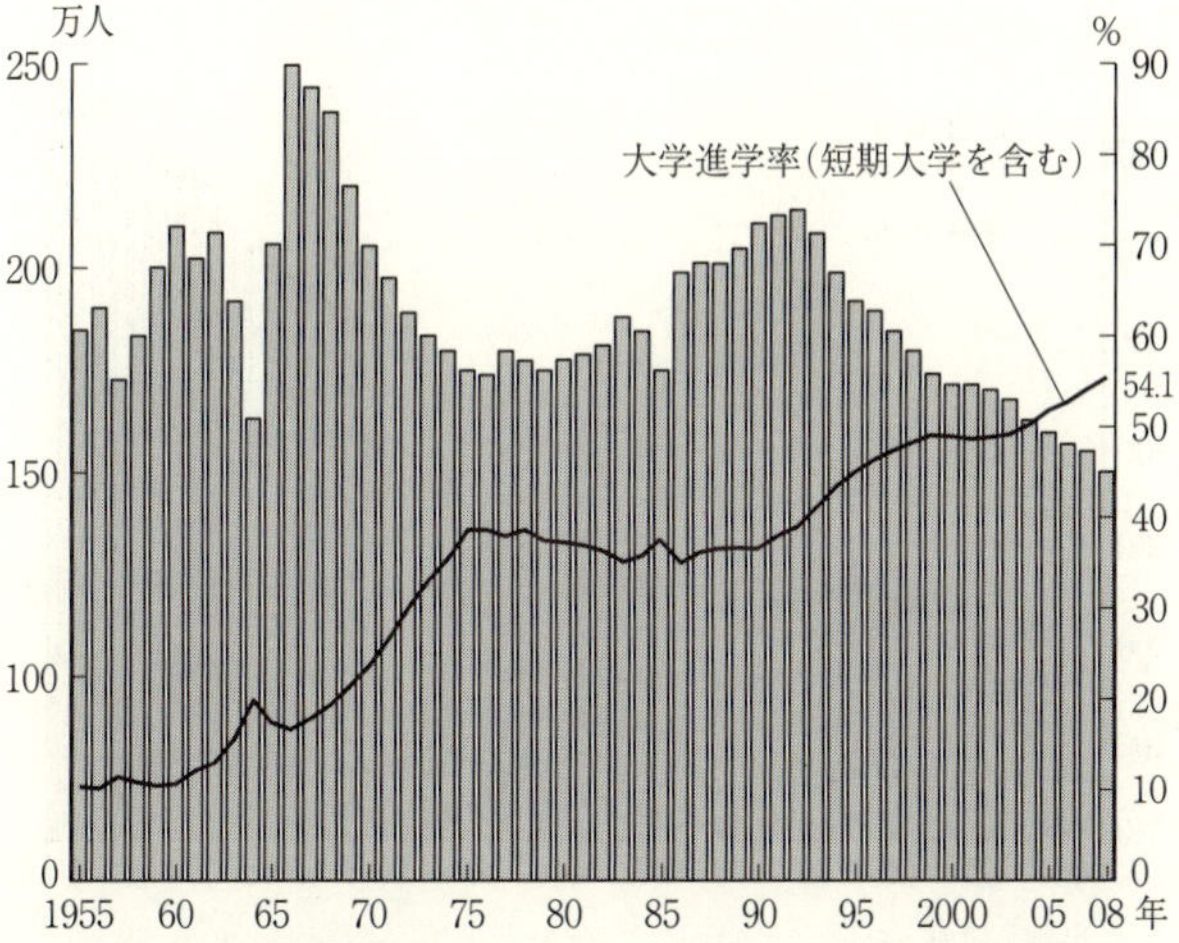

出典：学校基本調査報告書

図 4　日本の 18 歳人口と大学進学率の推移(1955〜2008 年)

若者たちの需要に大学側が応える構造から、学力や将来の志望はともあれ大学に進学はしておくという者を大学が自己努力によって創出していく構造への転換である。つまり、商品のマーケティングと同じ論理が大学進学者市場の掘り起こしにも広がっていったことを意味している。

したがって、九〇年代以降の日本における大学拡大は、一種の「バブル」である。そもそも一八歳人口は減少しており、この傾向は今後も続く。このことは予測可能で、新設された多くの大学は、需要がないところに需要を創り出すことによって、つまり最初から志願者マーケティングを前提に設置されたことになる。このきわめて消費社会的な戦略が功を奏す

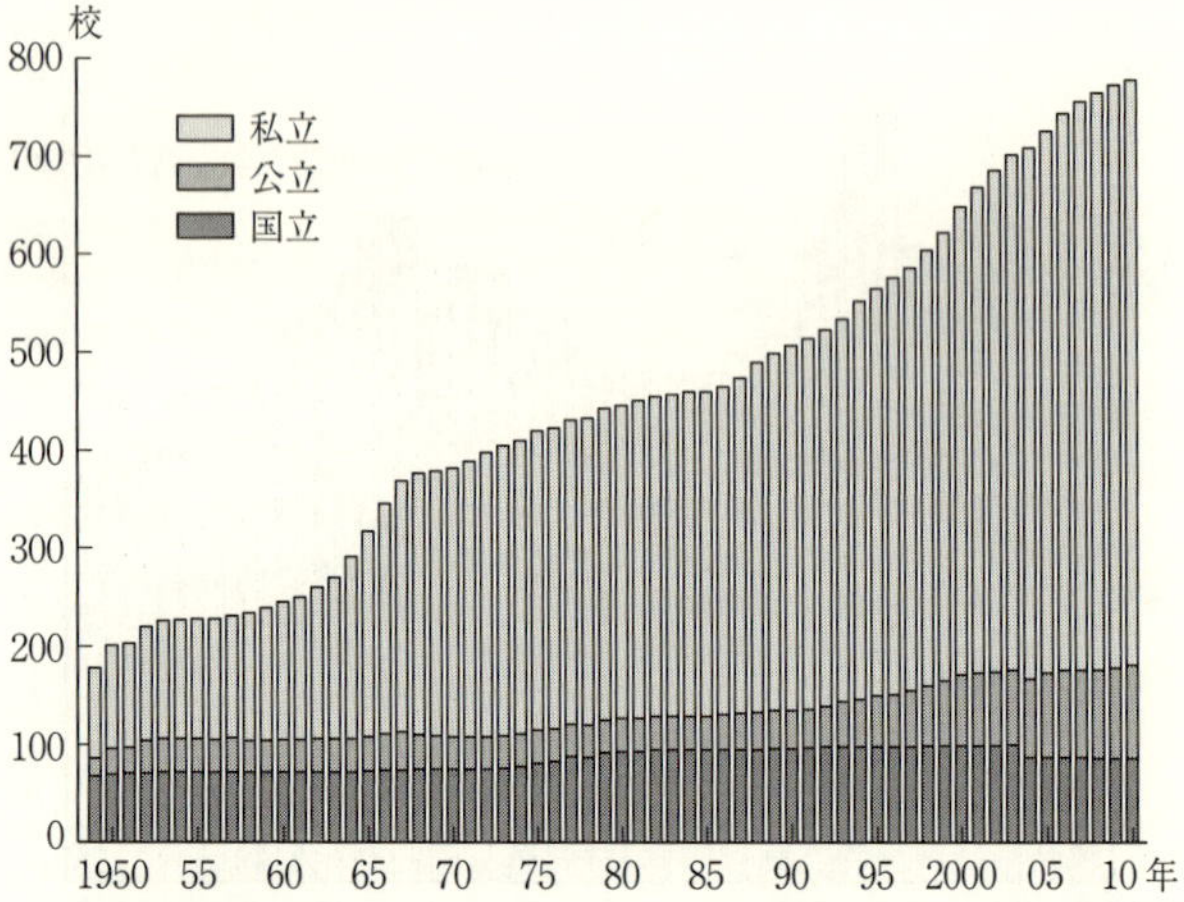

出典：同前

図5　大学数の推移（1949〜2010年）

るかは、大学の使用価値、つまり教育の質よりも、その交換価値、つまりメディアでのイメージ作りや高校へのマーケティング展開の得手不得手によって決まるであろう。それでも歴史が証明するように、「バブル」はいずれ崩壊する運命にある。つまり七六〇校を超える日本の大学が今後とも維持されるとは考えにくく、遠くない将来、大淘汰の時代がやって来るであろう。

大学は、二度誕生している

以上のような問題意識を根底に、本書は「大学とは何か」という問いに、その歴史から答えようとする試みである。見通しをよくするために、ここで次章以下の議論の骨格を解説しておこう。俯瞰的に述べるなら、本書の叙述は次の三つの探究の軸に沿ってなされる。

第一は、大学の誕生と死、そしてその再生と移植、増殖といった世界史的な把握である。歴史を振り返るならば、大学の概念が空洞化したのは現代が最初ではない。大学はこれまで、少なくとも二度の誕生と一度の死を経ている。大学が誕生したのは、一二世紀から一三世紀にかけての中世ヨーロッパである。中世的秩序のなかで、大学は、教皇権力と皇帝権力の対立を巧みに利用し、またこれら普遍的権力と都市を支配する地元有力者とのバランスを利用してヨーロッパ全土に増殖していった。しかし、この中世以来の大学は、近代以降の大学にそのままつながってはいない。一五世紀までの高揚期の後、一六世紀に始まる近代への歴史のなかで大学はダイナミズムを失い、知識生産の中心的な場ではなくなった。この時期、印刷術が大学に勝利するのである。近代知を生み、発展させた基盤は活版印刷であり、そのコミュニケーションを基盤に、一方ではプロテスタンティズムが西洋文明全体を宗教改革の渦に巻き込み、他方では領邦国家、やがては絶対王政が勃興する。そうした時代に、軍事、法学、医学、科学、工学などの近代的諸分野で新しい知識形成の中核となったのは、専門学校やアカデミーの専門教育であり、大学ではなかった。つまりこの時代、大学は一度、死んでいるのである。

ところが一九世紀以降、大学は国民国家の、そして帝国の知的資源の主要な供給源に位置づけられ、人材育成と研究開発の両面で国家の支援を受けながら総合的な高等教育研究機関として華々しい再生を遂げるのである。その嚆矢がフンボルト理念に基づくプロイセンのベルリン大学であったことは余りにも有名だが、ベルリン大学誕生は、フンボルト一人の天才によるのではなく、カント、シラー、フィヒテ、シェリングといった一八世紀末から一九世紀初頭にかけての疾風怒濤の時代のドイツ啓蒙主義者たちの知的潮流と不可分の関係をなしていた。

この近代の大学再生の原点に位置するカントは、大学を成り立たせる主要学部のうち、神学部、法学部、医学部の三つを「上級学部」、哲学部を「下級学部」と名づけ、下級学部が理性と真理にだけ従い、「みずからの教説に関して政府の命令から独立であり、命令を出す自由はもたないが、すべての命令を判定する自由をもつ」ことを擁護した。カントによれば、神学や法学、医学などは大学が国家にとって有用なものであるために必要であり、哲学は理性のために、つまり真理そのもののために必要である。大学が大学としてあるためには、両者の間に緊張感ある対抗関係が存在しなくてはならず、どちらか一方があればいいというものではない。

このようにカントが論じたのは、近代の大学再生が、国民国家との緊密な関係を抜きにしては不可能だったからでもある。中世の大学が、地元有力者と教皇や皇帝の権力の微妙なバランスを巧みに利用して自治都市に地歩を築いたのに対し、近代の大学の成長には最初から国家による強力な支援が不可欠だった。近代の大学は、勃興する国民国家から全面的な支援を受けて成長し、そうでありながら国家からの自律、すなわち「学問の自由」を主張したのである。ここには初めから解決不能な矛盾が孕まれていたが、多くの大学人は、この矛盾をむしろ利用して大学の発展に努めた。フンボルトもまたその一人であったが、一九世紀を通じ、ドイツから英国、北欧諸国、北米大陸というように新しい大学文化の影響力は広がっていった。

近代日本の大学は、こうして欧米各地に広がった大学概念を移植することにより誕生したものである。明治政府は、まるで品目ごとに流行最先端のブランド品を買い込む慣れない消費者のように、医学と理学はドイツ、法学はフランス、工学はスコットランド、農学はアメリカ、文学はイングランドといった仕方で当時は最先端と考えられた国から外国人教師を招き、またそこに留学生を送り、近代日本の学知の基礎を築いた。文字通りそれは「移植」だったのだが、この移植された知が、森有礼《もりありのり》の構想により天皇のまなざしの下で結びつき、「帝国大学」という、中世の大学ともフンボルト型大学とも異なる近代日本的な類型を生み出していく。

そうした意味では、今日では世界標準となっているアメリカの大学システム、すなわちリベラルアーツ・カレッジとしての学部と、修士号・博士号の学位取得システムとして構造化された大学院を結びつける現代的な大学概念も、一九世紀以来の近代的大学概念を組み替えたヴァリエーションとして出発したものだった。このアメリカ型大学誕生の画期となったのは「大学院」の発明だった。「研究」と「教育」の一致を原則とするフンボルト型大学からするならば、大学院など付属品以上のものではあり得ない。しかし、実質は教養教育カレッジだったアメリカの大学が、真にユニヴァーシティになっていくには、新たにグラデュエート・スクール（大学院）を発明し、ヨーロッパ的大学概念を凌駕することが必要だった。そしてこの発明が二〇世紀を通じて世界に波及し、今や全世界で大学の標準型となっているのである。

このような長い歴史のなかに置いてみると、今日、ヨーロッパ諸国で動き始めているボローニャ・プロセス、すなわち高等教育の汎ヨーロッパ的連携の動きや、東アジアで構想されている様々な大学間連携は、世界の大学が近代的大学概念によって一元化された後、次なる時代のトランスナショナルな大学概念の創出を模索し始めている兆候とみなすことができる。その行きつく先は明らかではないが、少なくとも英語がますます人類の「新しいラテン語」となり、大学人がますます世界を移動し続けることは確実だろう。この展開は、国民国家の大学というよりも、中世の都市ネットワークを基盤にした大学の時代の再来を連想させる。実際、二一世紀初頭にあって国民国家は衰退過程にあり、このまま消えはしないだろうが、未来の人類社会の歴史のなかで、その役割はますます相対的なものになる。この歴史の大転換期に、「大学」をいかに再定義するか――この問いに答えることが、人類の知の未来には必要なのだ。

メディアとしての大学

本書における探究の軸となっている第二の視点は、コミュニケーション・メディアとしての大学、すなわち図書館や博物館、劇場などの文化施設はもちろんのこと、活版印刷からインターネットに至る諸々のメディアの集積のなかで、同じようにメディアの一種として大学という場を考えることである。大学は、知識の生産・再生産過程の重要な部分を担ってきたが、あくまでその部分にすぎないのであり、同時代の知のコミュニケーション秩序の重層的な編成のなかに占める位置により定義し直されるべきである。大学は教育研究の「制度」以前に、「教える」ないし「学ぶ」というコミュニケーション行為の場である。そして、そうした実践が具体的な場所（教室、キャンパス）や技術的媒体（書物や黒板、パソコン）と結びついて営まれているという意味で、それはまずメディアなのだとも考えられる。

メディアとしての大学が、学知が営まれるより広いメディアの積層のなかで最初に困難に直面したのは一六世紀であった。その前世紀半ば、グーテンベルクによって印刷術が発明されたことで、口承や手書きの文化が活字の文化に移行する人類の知識史上決定的な革命が起きた。この印刷革命は、宗教改革や近代科学誕生の前提となり、やがて出版文化を基盤に近代知の偉大な「著者たち」が登場してくる。こうした知の地殻変動のなかで、大学は何ら積極的な役割を果たしていない。それどころか、かつて中世の知識人たちが、教会（神のメディア）と大学（理性のメディア）という二つの「メディア」を用い、「神の言葉」や「理性の言葉」の媒介者となっていたのに対し、出版という新しいメディア機構は、教会とも大学ともまったく異なる媒介の地平に、膨大な読者を巻き込む新たな知の担い手（＝著者）を出現させるのである。

やがて一七〜一八世紀、出版産業が勃興し、書店や読書の文化が広がって、知識の生産や流通の方式が決定的に変化した後も、大学は伝統的な体制を変革しようとはしなかった。それどころか宗教改革期の宗派対立を超える対話的空間を創出することもなく、人文主義や科学革命への対応も遅れ、ラテン語中心の教育へのこだわりと国民語への蔑視も後の時代まで引きずったため、大学は知識生産の前線ではすっかりなくなっていったのだ。この時代の大学に欠けていたのは、出版流通を基盤とする新しいメディア状況、そこにおける新たな知識創成への敏感な対応である。この敏感さを備えていたのは大学人ではなく、むしろルネサンスの人文主義者から啓蒙期のエンサイクロペディストまでの、民間の知識人や芸術家たちであった。

ここに示されるのは、大学はそもそも単独で、新しい知識の形成や流通、継承を可能にする最も基盤的なレベルたり得ないという事実である。大学よりももっと基盤の層には、多種多様なメディアによるコミュニケーション＝交通の積層があり、大学とは、そのようにして積層する知識形成の実践を集中化させ、再編成し、より安定的に継承可能なものとしていくメタ・メディアである。この認識を欠いたため、近世の大学は印刷革命によって生じた新たな状況に対応できず、新しい知を媒介するメタレベルの組織へ発展することに失敗したのである。

そして今日、デジタル化とインターネットの普及のなかで私たちが直面しているのは、印刷術が知の根底を変え始めた一六世紀にも似た状況である。一六世紀に出版は、教師や学生が都市から都市へと新しい知を求めて旅した時代とは比べものにならない大量の知識の流通を可能にし、人々が居ながらにして遠方の知を手にできる状況を出現させた。他方、私たちはインターネットの普及によって、出版の時代とは比べものにならないくらい容易に、グローバルな広がりをもって新しい知識にアクセスできる。出版の時代には、まだ大量の本や雑誌を所蔵する装置として図書館が必要で、大学は専門性の高い書物を集める図書館を、その不可欠の付属施設として発展させてきた。しかし今、すべての知識がデジタル化され、全文検索すらも可能になりつつあるなかで、冊子体としての書物とそこに書き込まれる知識は分離し、後者は文字通りユビキタス化しつつあるのである。この一六世紀的な地平とは異なる新たなメディアと知識の関係に、二一世紀の大学は果たしてうまく対応していくことができるだろうか。

新しいリベラルアーツへ

さて、本書における探究の第三の軸は、リベラルアーツと専門知の関係についての新しい認識の地平を提供することである。今日、多くの大学論が「大学とは何か」という問いへの答えを自明のものとして現状分析に進んでしまうなかで、一部の論者はこの問いを正面に据えている。本書はそうした議論と出発点を共有しているが、しばしばそれらの考察は、「教養」の価値を見直し、古典の読書を勧める結論に向かう傾向がある。たとえば、まさしくこうした問いを真摯に発した猪木武徳の『大学の反省』は、現代日本の大学が教養教育を装飾品同然のものにしてしまったと批判し、「大学における本格的な教養教育の復活を「教師」という職業の尊重」を標榜した。猪木がここで復活を待望するのは、「古典」への「憧れ」である。なぜならば、「人類の知的遺産の物的な結晶」としての「古典」を「読み、考え、対話し、格闘することによって「理想」や「憧れ」の内実を改めて知的に理解することができる」からである。

こう述べる猪木が下敷きとしているのは、一九世紀半ばの神学者ジョン・ヘンリー・ニューマンの『大学の理念』である。ニューマンが一八五二年、アイルランド・カトリック大学学長に就任する際に行った連続講演をまとめた同書は、今日に至るまで、大学の危機を憂える議論で繰り返し論及されてきた。それによれば、リベラルな知はそれ自体が目的で、何らかの外的な目的のためのものではない、つまり何らかの超越性に従属するのでも、有用性の手段でもない。彼はアリストテレスまで立ち返り、「リベラル」の反対語は「奴隷的」であること、ここでの判別基準は、ある行為が他者に従属しているのか、それ自体で充足しているのかの一点にあることを強調した。だからリベラルな知は、技術的な有用性に従属しないだけでなく、宗教的な超越性にも従属しないのである。

しかし、このようにリベラルな知識の場として大学を定義すると、その行きつく先にある理想はオックスフォード大学やフンボルト型大学の教育である。日本でいえば旧制高校や帝国大学の教育ということになる。産業化された社会に蔓延する「機械」の論理に呑み込まれずにリベラルな知を保持し続けられるのは英国紳士で、そこには労働者や女性、植民地からやってきた人々の姿はない。あるいはそうした労働者や女性も「教養」を身につけることで文化的に陶冶されるのかもしれない。シェイクスピアやゲーテから漱石や鷗外、諸々の古典を身につけることは、国民的教養の土壌が提供する地平に向けて自己を成型していくことで、これこそ近代の大学が国民国家から要請されていたことだった。しかし私たちが今日直面しているのは、そのような「大学の理念」の限界、近代的大学のリベラルな知が、複雑に巨大化した専門知の氾濫のなかで、「古典」という以上の価値を見出されなくなってしまった状況である。

このような状況で必要なのは、「古典」や「教養」を復活させるのではない仕方でリベラルな知を追究していくことであるように私には思われる。専門知と対立し、それと隔絶する次元にリベラルアーツを「復興」するのではなく、高度に細分化され、総合的な見通しを失った専門知を結び合わせ、それらに新たな認識の地平を与えることで相対化する、新しいタイプのリベラルアーツへの想像力が必要なのだ。これまであった「リベラルアーツ＝教養」概念が、一九世紀以降の国民国家と高等教育の結合により構築された「近代の神話」の一部であることを批判し、むしろそうした「教養」概念には回収されない新しいリベラルアーツを、中世や古代そしてまた複数の文化の過去と未来に開かれた高等教育モデルとして想像していくこと。

私たちが慣れ親しんできた「教養」、そして「文化」の概念は、近代国民国家の形成過程で発見され、正典化されてきた構築物である。英国カルチュラル・スタディーズの初期世代が達成したのは、まさしくこの「教養」なり「文化」なりの概念の歴史性とその階級的文脈を捉え、その限界を労働者階級の日常的文化実践や、トランスナショナルな人種と民族、ジェンダーの文化実践へと開いていくことであった。「大学とは何か」という本書の問いは、その答えをかつての「教養」復興に見出すのではなく、まさしくこうした文化概念全体の脱構築と、それを通じた専門知とリベラルな知の新たな関係発見に向かうものとならなくてはならない。

第Ⅰ章　都市の自由　大学の自由

ターバンを巻いた知識人が学生たちに講義をする光景．アリストテレスの哲学はイスラム経由で中世ヨーロッパにもたらされた（F. Tejerina, ed., *The University: An Illustrated History* より）

1　中世都市とユニヴァーシティ

大学に先行する都市的なるもの

今日につながる意味での「大学」が誕生したのは、一二世紀後半から一三世紀初頭にかけての中世ヨーロッパでのことであった。北イタリアのボローニャで、世界最初の大学に神聖ローマ帝国皇帝の特許状が下されたのが一一五八年、パリ大学が教皇の勅書によって設立されるのが一二三一年のことである。この二つの原型的な大学に続き、一三世紀、英国ではオックスフォードとケンブリッジの二大学が設立され、イタリアでは、モデナ大学、レッジョ大学、アレッツオ大学、パドヴァ大学、ナポリ大学、シエナ大学、ペルージャ大学、フィレンツェ大学、ピサ大学、ヴェローナ大学、パヴィア大学、フェラーラ大学、トリノ大学など多数が設立されていった。同じ頃、中央ヨーロッパでも、プラハ大学、ウィーン大学、クラクフ大学、ハイデルベルク大学、ライプチヒ大学などの新大学の誕生が続き、一五世紀までにヨーロッパ全土で大学数は七〇～八〇校に及んだ(図6)。中世的秩序のなかで、大学、その根幹をなす教師と学生の協同組合は、教皇権力と皇帝権力の対立を巧みに利用し、これら普遍的権力とそれぞれの

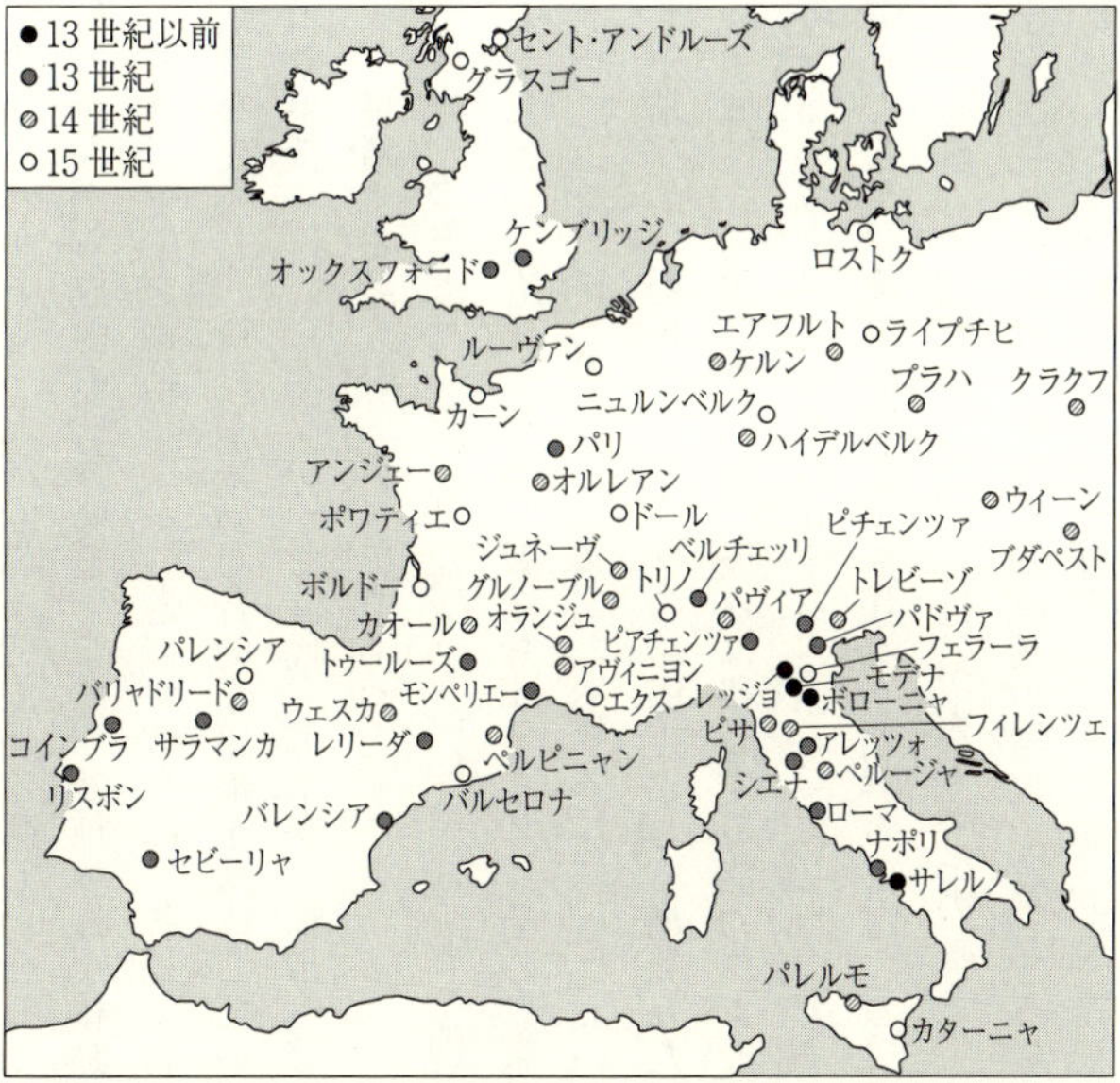

出典：ピエール・ラメゾン編・樺山紘一監訳『図説ヨーロッパ歴史百科』より作成

図6　中世ヨーロッパの主な大学

都市の地元有力者のバランスを利用しながら、急速に増殖し、勢力を広げたのだ。

　重要なのは、このような中世西欧における大学の誕生に、同時代の都市を拠点とした広域的な人の行き来や物流の活発化が先行していたことである。西欧諸地方では、一〇世紀頃から農業生産力の上昇が地域間商業の活発化をもたらし、広域的な経済の拠点として都市が発達し、それらはしばしば自治権を獲得した。急速に拡大する貿易と分業体制のなかで、中世都市は地中海沿岸からバルト海・北海沿岸まで広がる新しい全ヨーロッパ的ネットワークのハブとなり、新種の商人から放浪の托鉢修道士まで、多種多様な移動民を抱え込み始めていた。生まれ故郷から離れ、一生を移動しながら過ごす彼らは、各地で勃興しつつあった自治都市に集い、そこで知識を交換し、新たな協同組合的な組織を形成していった。当時、情報メディアといっても写本や手紙くらいしかなかった時代、都市から都市へ移動するこれらの人々は、新しい知識を伝え、集積する最大のメディアであった。

当時、「遍歴者、流浪者、旅人の中には、学者や朗読者の小さなグループもあって、そのまわりにはいつも教えを請う者たちが集まり、その影響圏に知識欲の旺盛な者たちがどっと押し寄せていた」（H＝W・プラール『大学制度の社会史』）という。大学は、このような中世の移動民たちが結びついたネットワークの結節点として出発したのであり、その組織原理の根底に越境性、脱領域性を内包している。彼らは移動する能力によって都市支配層や地主、より普遍的な皇帝や教皇の権力さえも相対化する自由を手にしたのであり、この移動性と一体をなす「都市の自由」こそが、後年に理念化される「大学の自由」の現実的な基盤であった。

もちろん、「都市の自由」だけが大学誕生の唯一の要因だったわけではない。中世西欧で大学が誕生したのは、特権的知識層の増大を許容する生産力、行政組織の発達、知的活動への需要増大と専門家や学者の役割拡大、同業組合的組織の普及、アラビア経由での古代地中海世界の学問の受容など複合的な諸要因が作用していた。しかし、このような要因だけならば、そこに登場する知識・教育機関が、「大学」でなければならなかったとは必ずしも言えない。

古代以来、文明が高度化してくると、社会は必ず専門知識層を生み、そうした専門家による知識継承機関が設置されてきた。古代ギリシアのアカデミーやバビロニアの図書館、イスラムの聖書学校などがその例で、日本の近世には藩校があった。知識機関の設置は、社会のアイデンティティ維持にとって常に根幹だったが、その頂点に立つのは必ずしも「大学」でなければならなかったわけではない。高度な知識を有しながら「大学」が存在しない社会がいくらでもあった。ところが一二世紀のヨーロッパは、知の中核的な機関として「大学」を誕生させ、以来、「大学」は、人類の知的活動に最も影響力あるモデルとなっていくのである。

この、あらゆる高度な文明が生み出してきた知識機関と中世西欧が誕生させた大学を分かつ決定的なポイントが、都市との関係、自治都市の横断的ネットワークがもたらした人やモノの恒常的な移動、それを基盤とした「都市の自由」による媒介であった。より限定的に、「自由な学知」の考え方であったと言ってもよい。初期の大学は、校舎建設から始まったのでも、国家による専門的な役割付与から始まったのでもない。初期の大学は移動可能な存在で、その中核をなす学生団や教師団が決意すれば、別の都市に旅することができた。彼ら大学の担い手たちは、都市から都市へ移動できること、また複数の権威と多元的に結びつきうることを、大学の基盤強化のためにフルに利用した。大学が、思考や対話における観念的な自由にとどまらず、教える内容の選定や教える主体の人選までを含めた実践的な自由を獲得していく上で、このような「都市の自由」は不可避だった。初期の大学は、西欧中世都市が可能にした「自由」に支えられていたのであり、そのような社会・文化的遺伝子を、大学はその母胎たる中世都市が国民国家システムに吸収されてしまった後まで保持し続けることになるのである。

組合団体としてのユニヴァーシティ

このような大学の都市的起源は、「大学」という言葉自体に如実に示されていた。言葉のもともとの含意からするならば、「大学(ユニヴァーシティ)」は、学問の普遍性(ユニヴァーサリティ)や学知の宇宙(ユニヴァース)とは何ら関係のない、利害を同じくする学生(や教師)の「組合団体」といった意味であった。『中世の大学』の著者ジャック・ヴェルジェは、「都市とはまたしばしばウニヴェルスィタス universitas と呼ばれた「団体」でもあった」と述べる。都市化とはすなわち労働の分業化であり、「同じ仕事に携わり、隣接して住んでいる人々は、当然、自衛のために結びつこうとした。この結びつきは、封建社会の中で家臣を領主に結びつける縦の依存関係のようなものではなく、平等な人々の共同体を生み出した」。これが、「大学＝団体」の起源であり、この団体の内部には「位階」が存在したが、より上位の位階への昇級は公的な試験（教授資格試験など）の手続きが制度化されていた。

このような学生や教師の組合としての大学が最も早くに形成されていったのはイタリアであった。もともと北イタリアのボローニャには、一一世紀後半からペポやイルネリウスといった著名な法学者が現れ、彼らに学ぼうとする学徒がヨーロッパ全土から集まっていた。彼らの多くはアルプス以北から旅してきた異邦人で、都市の慣習法では保護されない存在だった。そこで彼らは、抜け目のない町の人々から自らの生活を守るために互助組織（コンソルティア）を形成し、それが曲折を経て「大学＝ユニヴァーシティ」に結実していくのである。

学生たちの互助組織が「大学」にまで発展するこのプロセスはなかなか複雑だが、これを詳細に考察した児玉善仁によれば、決定的なポイントは、個別の互助組織が「ナチオ（ネーション）」と呼ばれる学生の出身地域ごとの国民団に再編され、それ以前にあった個々の教師と学生の家族的絆に楔が打ち込まれていった過程であった。国民団は同じ地域の出身者を都市全体で連帯させ、学生たちは教師を中心とした塾的な原理よりも国民団の原理に従って行動するようになっていった。やがて学生たちは、それぞれの国民団から代表者を選出し、それらの代表者によって運営される新たな団体を組織した。これが大学団、すなわち「ユニヴァーシティ（ウニヴェルスィタス）」にほかならなかった。だから、この大学団成立をもって大学の誕生と考えるならば、ボローニャ大学が創立したとする皇帝特許状授与の一一五八年には、まだ「大学」は成立していなかったことになる。実際、この特許は学生の裁判権の教師への授与であって、大学への授与を明言してはいない。むしろ、この特許状によって教師に学生の裁判権が授与されたのに対抗し、学生の側でさらなる組織化の動きが生じて、これが大学団成立に結びついていったのではないかと児玉は推察している(『イタリアの中世大学』)。

このような流れのなかで、教師と学生の家族的紐帯は薄れ、学生たちは次第に教師との合理的な契約関係という考えを前面に出すようになった。教師にとって、学生が払う聴講料は主要な収入源であったから、この収入源を失うのは避けねばならず、彼らは大学団に雇われる専門教師の立場に追い込まれた。すなわち学生は、それまでのように個々に教師と契約を結ぶのではなく、大学団に授業料を払い、大学団が教師を雇用していく構造が出来上がった。しかも団結した学生は、地元民と対立した際も、一同揃って町から退去するとの脅しをかけることで、都市のなかで有利な立場に立つこともできた。まだ「大学は、建物をもっていなかったので、自由に移動できた」(C・H・ハスキンズ『大学の起源』)のである。都市の側は、移動可能な「大学」を自らの町につなぎとめておくために、学生たちの要求に譲歩せざるを得なかった。

さて、「ユニヴァーシティ」が、もとは学生の組合を指す言葉であったのに対し、「カレッジ(コレギウム)」は教師の組合を指す言葉として出発したようだ。教師たちは、団体化した学生に対して自分たちの権利を守るために、自らも団体化を進めた。学生たちの「組合＝ユニヴァーシティ」の最大の担保が聴講料であったとするなら、教師たちの「組合＝カレッジ」の最大の担保は学位授与権であった。こればかりは知識を糧とする教師の職能と切り離され得ず、すでに中世の大学でも、教師団は「博士（ドクトル）」「修士（マギステル）」「バカラリウス」といった学位を授与していた。学位としては最も低い「バカラリウス」は、教授補佐の免許のようなもので、助手資格に相当する。「ドクトル」と「マギステル」についていうなら、初期には両者は学位の階層というよりも、もともと「ドクトル」は法学が中心であったボローニャ大学の学位、「マギステル」は神学や自由学芸を中心とするパリ大学の学位を意味していたらしい。法学ドクトルは法律家の、学芸マギステルは自由学芸教師の専門資格を保証していた。

「ドクトル」や「マギステル」は最高学位であったが、これらを得るには学識や能力だけでなく出費が相当だった。有資格者は、莫大な費用のかかる加入式を済まさないと学位を得たとみなされなかった。結局、当時の大学在籍者で「ドクトル」や「マギステル」の学位を得るに至った者は少数で、全学生の数パーセントとも試算されている。学位取得者が少数であったことが、逆に学位制度の稀少価値を高め、中世大学のエリート的性格を際立たせていた。

ボローニャ大学における法学の優越

一二世紀後半からのボローニャ大学の形成史には、もう一つきわめて重要なポイントがある。

すなわち、この草創期の大学における「法学」の決定的な重要性である。初期のボローニャ大学の歴史とは、法学が他のあらゆる学問分野に対してヘゲモニーを行使し、これに対抗して医学をはじめとする諸学が新しい学問分野とその組織を創り出していく歴史であった。

このような法学の特権性は、そもそも大学が中世都市という歴史的母胎のなかで育まれたことの証左でもあった。中世の自治都市は、ローマ教皇と神聖ローマ帝国皇帝の激しい叙任権闘争の狭間で、独立の法的団体としての立場を樹立しようとしていた。そのためには「自治都市＝コミューン」の法的地位や権利を基礎づける新たな法制度の整備が必須であり、これを支える法学が重視された。とりわけその際に準拠されたのがローマ法であった。キリスト教会秩序が俗権に侵害されるのを厳しく排除しようとしたグレゴリウス七世に対抗するため、神聖ローマ帝国側はローマ法に根拠を求めようとした。しかし、復活したローマ法は、神聖ローマ帝国の帝権を正当化することばかりに使われたわけではない。それ以上に、新たに勃興しつつあった中世自治都市やそこで族生しつつあった諸団体＝法人の法的基盤を整える戦略的言説となったのだ。ボローニャ大学をはじめ各地の大学で法学の研究教育を発達させ、多くの法律専門家を育成することは、中世自治都市の命運を決するほど重要な事業だったのである。

しかし、この時代の社会的要請という点で、法学にどれほど特権的な中心性が与えられていたとしても、学問の体系は、それ自体の内在的な論理を有している。実際、中世のボローニャに集まった学生は、法学だけを目的にしていたのではない。大学誕生以前から、この町でも医学や学芸諸学の学校が開かれていた。この時代のイタリアで、ローマ法の知識を基礎にした法学は、それらの伝統的な知を周縁に押しやりながら支配的な地位を確立した先端知の体系であった。それだけに当時の法学生はエリート意識が強く、他の分野の学生を従属的に扱いがちであった。事実、法学以外の学生は、法科大学に登録料を払いながらも、法学生が享受していた特権から排除され、大学団の正規構成員ともみなされなかった。

当然、このような法学の他分野への差別的な姿勢は、他分野の学生や教師に不満と離反を生じさせた。法学から排除された彼らは、むしろ積極的に法学から別れて独自の大学団を形成することを目指し始める。前述の児玉はこの経緯を追い、「法科大学団から排除された法学以外の学生たちが、法科大学団の専横に対して教養諸学の名の下に独立した大学団を形成するためには、その組織構造に合致した教養諸学の知的配列を確立した上で、法学に対抗するだけの中核的学問を形成することが必須の条件」であったと述べる。ここにおいて、法学から離れた学芸諸学の中核を占めるようになったのが、もう一つの新興の学であった医学である。

この医学を中心とする新たな学芸諸学の大学団化は、法学を中心とした大学団の組織化とは異なる仕方で進んだ。つまりここでは、必ずしも学生が中心になり、教師との関係に楔を打ち込みながら大学団を立ち上げていくことにはならなかった。法科大学団という強大な先行勢力と対抗しながら大学組織を立ち上げていかなければならなかった医学・学芸諸学では、教師が学生との緊密な協同関係を保ちながら大学の組織化を進めた。したがって、法学系の教員団が大学に対する運営権を有せず、大学運営はもっぱら学生大学団に任されていたのに対し、後発の医学・学芸諸学の教員団は、法学分野よりもずっと強い大学運営への影響力を保持していた。法科大学団に対抗して、医学・学芸諸学の大学組織化が本格化するのは一三世紀後半であり、この動きは一二八八年、都市自治体が医学・学芸諸学生に法学生と同等の権利を認めることにより一応の決着をみる。そしてこれと並行して、教員団は学位授与権だけでなく、教育内容の決定権や教員人事権を含む今日につながる自治権を徐々に獲得していくのである。

コペルニクスと自由学芸としての数学

しかし、このように法学と同等の権利を有するものとして医学の地位が確立してくると、今度はその医学とそれ以外の分野の間に落差が生じてくる。一三世紀初頭まで、学芸諸学のカレッジで学ぶ者たちは、多くの場合、哲学や論理学、文法学などを医学と共に学んでいた。その基本的考え方は、当時の「自由学芸＝リベラルアーツ」概念に示されていた。中世において、「自由学芸」を代表したのは、文法、修辞学、弁証術、算術、幾何学、天文学、音楽のいわゆる「自由七科」だが、宇宙の成り立ちを探る天文学と同様、人体の成り立ちを探る医学も、本来ならば「七科」に含まれて不思議でない分野であった。したがって、法学の専横に反発した諸学が独立した学芸諸学の大学組織を立ち上げた頃、医学はそれらと同様の位置を占めていたにすぎない。だが、やがて時代的要請や学問的体系化を通じ、医学は他の学芸諸学に対して優位に立ち、ついには他の学芸諸学を従える上級学問へと進化していったのである。

このような中世後期の大学での学問相互の関係を、地動説を唱えたニコラ・コペルニクスの若い頃の学びを例に示しておこう。ポーランド北部のバルト海にも近い町トルニで育ったコペルニクスは、一四九一年、クラクフのヤギェーウォ大学に入学し、教養課程で学芸諸学の勉強を始めた。当時の大学生は、大学での最初の四年間を教養課程で過ごし、アリストテレスの著作やユークリッド数学などの古典学を学んだ。コペルニクスはそこで、「幾何学を勉強して、論理的関係をつかむ訓練を受け、天文学を研究する力を身につけた」（O・ギンガリッチ他『コペルニクス』）。四年後、彼は故郷に戻って司祭職を得た後、教会法を学ぶためにボローニャ大学に赴いている。当時なお、法学の分野では同大学が圧倒的な地位を誇っていた。そのボローニャで、天文学教授の観測助手を務め、天文学研究にのめり込んでもいる。一五〇〇年、同大学での法学の勉強を終えたコペルニクスは、故郷の聖堂参事会の許可を得てパドヴァ大学に医学生として入学する。当時、医学と天文学は占星術を介して近しい関係にあった。

こうして一五〇三年、法学の博士号を得て故郷に戻るまで、コペルニクスは約一二年に及ぶ大学生生活を送っている。その間、彼は学芸諸学、法学、医学の教育課程に所属し、このすべては何らかの仕方で天文学と結びついていた。この場合、この学問横断的な関係こそが重要である。コペルニクスは天文学だけを勉強して地動説を唱えるに至ったのではない。ボローニャやパドヴァの大学での彼の勉学は、かなりの時間が法学や医学に割かれ、実際にその後の彼の生活を支えたのも、天文学よりも法学や医学の知識であった。これは、おそらくコペルニクスだけに特異なことだったのではない。この時代に大学生になるということは、大なり小なり学芸諸学を基礎とし、法学や医学、神学に通暁した知識を身につけることだったのだ。

2　学芸諸学と自由な知識人

都市を遍歴する自由な知識人たち

草創期の大学が中世都市という母胎から生まれたものであるならば、学生と教師の協同組合として出発した大学がヨーロッパ全土に胚胎していった最大の存在は、中世的な意味での「自由な知識人」だった。この「自由」は、移動の自由と思考の自由という二重の意味での自由であった。まず、移動の自由についてみるならば、大学教育の全ヨーロッパ的画一性・共通性が、教師や学生の大学から大学への自由な移動を保証していた。どの地方の大学でも、使用言語はすべてラテン語、カリキュラムにも共通性が高かったから、学生も教師も異なる大学に移っても、それまで学んだことや身につけた教授法を生かしていくことができた。もっとも、大学と自由な知識人のどちらがどちらに先行するかを特定するのは不可能である。両者は鶏と卵の関係で、都市から都市へと移動する知識人たちこそが、大学を可能にしてもいた。

一二世紀以降、中世ヨーロッパで知識人がいかに誕生し、大学と結びついて新しい知を生み出していたのかを描いたのはジャック・ルゴフである。ルゴフによれば、著述にいそしみ、教えることを生業とする者、つまり教師及び学者として生計を立てる知識人は、一二世紀西欧の都市の勃興を通じてはじめて現れた存在であった。「人口の飛躍的な増加、商業発展の兆し、都市の建設などが見られる時代の申し子ともいうべき彼らは、公道で社会批判の先陣に立ち、零落者、傍若無人な者、不遇な人たちを町の辻々に集めることになる」(『中世の知識人』)。

定住の地を持たず、聖職身分にも加えられず、聖職禄も給付されていない貧乏学生たちは、かくして知的冒険の旅に出ることになり、ひいきの教師の後に従い、巷で評判の教師のもとに赴き、都市から都市へと巡り、そこで教育を修めた。このようにして彼らは、十二世紀に特有の放浪学生の一団を形成し、この世紀に、冒険心にみち衝動的でかつ自由奔放な性格を与えることになったのである。(同書)

一二世紀のヨーロッパ各地で突然、群れをなし始めた教師や学生たちにとって、最も嫌悪すべきは私闘を重ねる騎士や十字軍に参加した戦士たちであった。後者もまた、人口と経済の面で急成長しつつある当時のヨーロッパで膨張していた社会層であったが、彼らが武力に訴え、文明の進んだイスラム諸国へ襲撃や略奪に向かっていったのに対し、新しい知識人たちはそのような野蛮さを嫌い、精緻な論理的弁証を駆使してたたかわされる神学・哲学的テーマについての論戦を、各人の「武勲」が賭けられた知的戦闘と受けとめていたのである。

こうして勃興した自由な知識人の代表が、エロイーズとの熱愛で知られるピエール・アベラールであったことはいうまでもない。アベラールの才気と傲慢、論理的な精緻さと歯に衣を着せぬ攻撃性、エロイーズとの禁断の情事と悲劇、そして永遠に続く二人の愛、何よりも古い殻を破って越境し続けた類まれな知性の働き――、これほどにドラマに満ちた中世知識人は他にいなかった。C・H・ハスキンズが「肩書のある権威にあまり敬意を払わないこの才気縦横な若き過激論者は、パリであろうと荒野においてであろうと、彼の教えるところではどこでも多数の学生を引き寄せた」(『大学の起源』)と書いたように、アベラールの行動は最後までラディカルであることが期待され、放浪する若者たちの圧倒的な関心を集め続けた。

アベラールの人生ドラマを語ることが本書の目的ではないので話を絞れば、彼の本領は論理学者としての力量にあり、ここに姿を現していたのは、言語的論理についての明確な方法意識であった。彼は、自著『然りと否』(一一二二年)において、一五八の命題を提示し、それらに関する権威ある教父たちの教説を集め、それらが命題に対して賛否いずれの立場をとっているかによって分類し、意見の相違がどの論理的階梯において生じたものであるのかを考察する方法論を提示した。たとえば、「信仰は人間の理性に基づくべきであるか、否か」「神は単一であるか、否か」「人を殺すことは法に適っているか、否か」というように多様なテーマについて二者択一の問題を学生に示し、諸々の権威の間に横たわる意見の相違が真の相違なのか、あるいは単にそう見えるだけなのかを、学生たちが綿密な考察を通じて判定していけるように手助けしていた(リチャード・E・ルーベンスタイン『中世の覚醒』)。今日風にいうならば、アベラールの講義は、キリスト教の根本問題について、いわばマイケル・サンデルの「ハーバード白熱教室」に酷似したソクラテス的対話を発生させていたことになる。

イスラム経由のアリストテレス

重要なことは、アベラールの個性そのものよりも、彼のように自由に根源的な論理を駆使する知識人が、一二世紀のヨーロッパで修道院や教会の周囲に生まれていたことである。当時のヨーロッパには、古代ギリシア・ローマの古典思想を、既存のキリスト教の正統的解釈に拘泥せずに読解し、解説する教師が多数現れていた。この汎ヨーロッパ的な解釈共同体の学問的自由さは、この時代の知的エネルギーの基盤であり、このようにしてキリスト教世界が内包し始めた「自由」が、やがて各地に大学を誕生させていくのである。したがって問題の核心は、こうした自由な知識人たち、たとえばアベラールの尖鋭な論理学の根底をなしていたのはいかなる知であったのか、中世的な大学の自由を支えた一方の柱である移動の自由に対し、もう一方の柱であった思考の自由の根源には、いかなる知があったのかという点にある。

アリストテレス――。これが、この問いへの答えである。アリストテレスの思想は、まさにレコンキスタや十字軍の動きと並行して、アラビア経由で中世ヨーロッパに流入し、そのことが、それまでのキリスト教の狭い信仰世界に収まりきらない壮大な知への渇望と熱情を生じさせていた。リチャード・E・ルーベンスタインが「アリストテレス革命」と呼ぶ形而上的な革命が、一二世紀以降のヨーロッパで生じていたのである。「西ヨーロッパにおける科学的な思考様式は、アリストテレスの著作の再発見に続く知的な爆発によって始まった」とルーベンスタインは主張する。しかも、このアリストテレスの諸著作の発見と翻訳、解釈を通じてそれまでのキリスト教的思考様式の変革を推進していったのは、当のカトリック教会の神父たち自身であった。やがて、アリストテレス思想の影響力の拡大は、中世大学における科学的な知の興隆に結びつき、近代科学や近代の人文知までつながる底流をなしていくのである。

中世ヨーロッパと古代ギリシアの哲学世界との再会は、一〇三一年にイベリア半島で後ウマイア朝が滅亡し、キリスト教勢力による失地回復運動、いわゆるレコンキスタが一挙に進んだ結果として、一二世紀初頭にトレドで始まっていく。もともとローマ帝国が崩壊し、西ヨーロッパが他民族による侵略の繰り返しで長い混乱期に入ってから、アリストテレスをはじめ古代ギリシアの知は西洋の記憶からは失われ、むしろ西アジアからイベリア半島に及ぶ広大なイスラム帝国に受け継がれていった。イスラムの知識人は、古代世界からローマ法や哲学、数学や天文学を継承し、発展させていた。その諸都市には、豊かな蔵書を誇る図書館が建設され、学校では古代ギリシアやアラビアの哲学者たちの思想が教えられていた。レコンキスタの結果、ヨーロッパ人たちは、当時のキリスト教世界からすればはるかに進んだイスラム文明を目の当たりにする。一九世紀に「西洋」と出会った幕末の日本人にも似て、圧倒的な文明のレベルの差を前にした西洋人たちは、この時「イスラム」から学ぶことを開始するのである。

イスラムによる古代ギリシアの哲学や科学の継承で興味深いのは、それがとりわけアッバース朝において推進された点である。先行するウマイア朝がアラブ民族による征服王朝であったのに対し、アッバース朝はイスラム教による普遍主義的統治を目指した。普遍的な宗教と普遍的な法(イスラム法)、そして普遍的な言語としてのアラビア語がアッバース朝の基礎をなした点で、これはキリスト教とローマ法、ラテン語の三点セットに先行するものといえる。とりわけ第七代カリフのマアムーン（在位八一三～八三三年）は、ギリシア哲学に深い関心を抱き、バグダッドに「知恵の館」という教育研究機関を建設し、外国語に堪能なことで知られていたネストリウス派キリスト教徒に命じてギリシア語文献のアラビア語への翻訳事業を大規模に展開した。この事業により、プラトンの『国家』やアリストテレスの『形而上学』、プトレマイオスの『アルマゲスト』をはじめ、アルキメデス、エウクレイデス、ヒポクラテス等々、残存した古代ギリシアの諸著作が次々に訳され、イスラム世界に広められていった。こうしてイスラム化した古代ギリシアの知は、アッバース朝からイベリア半島の後ウマイア朝へと広がり、もう一つの普遍主義文明圏となるキリスト教ヨーロッパに伝えられていくのである。

イスラムから西欧への知の流入経路となったのはイベリア半島で、その中心地はトレドであった。幕末日本の長崎がそうであったように、トレドは遅れた西洋が、進んだイスラム、さらにその知の源泉であった古代ギリシア・ローマから知の再注入を受ける窓口となった。この西洋の「文明開化」の推進役となったのは、トレド大司教ライムンドゥスであった。彼は、トレドに翻訳センターを創設し、ユダヤ教徒やアラビア学者の協力を得て、アラビア語文献のラテン語への翻訳を推進した。翻訳事業が始まると、「あたかも北方の鳥がスペインの太陽に引きつけられるかのように」、全ヨーロッパから学者がトレドに集まった。当時の著名な学者たちがこぞってトレドに集結し、翻訳事業に参加していった（ルーベンスタイン、前掲書）。しかもトレドでは、イベリア半島各地からユダヤ教徒の学者も集まり、ビザンツ帝国から来たギリシア人学者やアラブ人学者も大いに歓迎されていた。まさしく多言語・多宗教・多民族の知識環境が創出され、ここにおいてヨーロッパは、古代ギリシアの知に再び出会うのである。

アリストテレス革命と大学知

一二世紀のヨーロッパが再会した古代ギリシア・ローマの知のなかでも、アリストテレスの哲学はまさにその中心だった。トレドに始まり、やがてプロヴァンスにも広がったアラビア語からラテン語への翻訳事業、これと並行してシチリアで進んだギリシア語原典からの直接の翻訳事業などを通じ、一三世紀半ばまでにアリストテレスの著作のほとんどが、ラテン語で読める状態になっていた。しかしそれ以前から、すでにアリストテレスは、中世の知識人たちの隠れたバイブルとなっていたともいえる。実際、かのアベラールの論理弁証法が基礎としていたのはアリストテレスの『範疇論』であった。「オルガノン」と総称される数点の論理学書は、修道院経由でアベラールの時代からヨーロッパの知識人にアクセス可能な状態にあった。『範疇論』や『命題論』などの著作は、思索の対象となる事物の分類法を示し、言葉と実在する事物との関係を理解し、合理的な推論の諸類型を示し、誤った論証の判別法を教えていた点で、アベラールのような聡明な頭脳にとって種本的な役割を果たしたと考えられる。

アベラールは早すぎた天才であったが、彼が一一四二年に没してわずか一〇年、一一五〇年代になると、トレドやプロヴァンスの翻訳センターでラテン語訳された古代ギリシアの諸文献が西欧の知識人たちの手元に続々と届き始める。それらの写本は数千冊に及び、中世的基準からすれば膨大な量だった。「これらの写本の伝播には、いくつかの波があった。まず、十二世紀半ばに『新論理学』と総称される一連の著作が到来し、ついで、ほぼ一〇年ごとにアリストテレスの形而上学と自然科学分野の著作、心理学と倫理学関連の論文、そして最後に政治学と美学の評論が到来した。いずれの著作も、アラブ圏の学者の手になる注釈書を伴っていた。これらの著作が消化され、十分に理解されるに至ったのは、ようやく世紀が変わる頃だった」(ルーベンスタイン、前掲書)。このとき中世キリスト教には、それまでの信仰の心性とは異質な、近代までを貫通する世俗的な理性の空間が埋め込まれるのである。

ルーベンスタインは、このアリストテレスの理性の空間が、カタリ派を媒介にドミニコ会をはじめとする修道会に浸透し、やがてトマス・アクィナスの思想に結実していくプロセスを描いている。カタリ派は中世キリスト教最大の異端の一派であったが、その指導者の多くは知識人で、翻訳されたばかりのアリストテレスを貪り読んでいた。彼らはアリストテレスの『論理学』『形而上学』『自然学』などを手がかりに、カトリック教会の教義の矛盾を衝き、教会が異端の誤謬を正すために派遣した説教師たちを理路整然と論破してしまった。こうして異端運動の論理的弁証力が鍛え上げられていくのに危機感を抱いたカトリック教会は、自らの内部にも「方法としてのアリストテレス」を十分に消化した組織を育て上げていくようになる。その典型がドミニコ会であり、この修道会の創始者であったグスマンのドミンゴは、もともとバレンシア大学で学んだ学徒で、やはりアリストテレス流の論証術にたけていた。やがて、この戦列にはフランシスコ会も加わることになり、アリストテレス的方法を身につけた修道士は、当然ながら同時代の大学教授としても十分な学識や能力を身につけていくことになる。

このようにして、在俗の大学教師と托鉢修道士という二種類のアリストテレス的方法の熟達者たちが出現することになった結果については後述する。今は、中世キリスト教の世界にあって、アリストテレスの諸著作が、ちょうど二〇世紀におけるマルクスの諸著作と同様の「革命の書」としての位置を獲得したことを確認しよう。そして、二〇世紀の知性が、ウェーバーからポスト構造主義に至るまで、常に何らかの仕方でマルクスとの対話をしてきたように、中世西欧の知識人は、異端の運動家であれカトリック擁護派であれ、いずれの立場であれ常にアリストテレスとの対話を通じて自己の学知を形成していくことになったのである。

パリ大学における神学と学芸諸学

アリストテレス哲学の一二世紀以降のヨーロッパへの本格流入は、実際的な法学が中心のボローニャ大学よりも、神学や学芸諸学を中心にしたパリ大学やそれに連なる諸大学で決定的な意味をもった。実際、ボローニャ大学が法学中心で出発し、やがて医学も包含していったのに対し、もう一方の雄であるパリ大学の中核を占めたのは神学で、やがて学芸諸学も大きな役割を果たしていく。このボローニャの法学とパリの神学の対照は、一方の世俗的権力（神聖ローマ帝国）の優位と、他方の宗教的権威（キリスト教会）の優位に対応するものである。

キリスト教会は、中世の早くから修道院付属の教育システムを整えてきた。中世前期においては、聖職者は西欧社会で読み書きのできるほぼ唯一の階層であったから、カトリック教会は知識の生産と流通、継承を独占していた。しかし、一二世紀以降のイスラム経由の先端的知識の大量流入によって、カトリック教会の地位は揺らぎ始め、やがてはキリスト教の信仰世界そのものが流動化していく。パリ大学をはじめとする大学には、托鉢修道会と同様、このような知的革命の時代に対応した、新しい知の中枢としての役割が期待されていた。

この時代、新しい大学文化の中心としてパリの影響力が拡大する。一二世紀初頭のフランスでは、学問はもはや聖職者だけのものではなくなり、世俗の人々も相手にする司教座聖堂の付属学校の活動が活発化した。なかでも、リエージュ、ランス、ラン、パリ、オルレアン、シャルトルなどの学校は有名で、最も多くの学生を集めたシャルトルの学校では、ベルナルドゥス、ティエリといった教師が名声を博した。この流れはやがてスターとしてアベラールを生み、彼が本拠としたパリのセーヌ左岸に、今日まで続く独特の「自由」の文化を醸成していく。

パリ大学の誕生は、こうした動きの延長線上に位置づけられる。ここでも大学は、学生や教師の協同組合が、教皇権と皇帝権の拮抗状態や、自分たちの移動可能性を巧みに利用して都市支配層に対抗するなかから生まれた。各地から「自由な学知」を求めてパリにやって来た学生や教師の集団は、当然ながら地元市民と厳しく対立した。そこで彼らは、ボローニャの学生たちと同様、地元市民による差別や搾取から自分たちの権利を守るために協同組合を結成し、その正統性をより上位の審級に認めさせようと努力していく。ボローニャ大学の場合、大学の保証人となったのは神聖ローマ帝国皇帝であったが、パリ大学が頼ったのは司教や教皇の権威である。パリ大学の学生や教師は、時には大学を町から脱出させる実力行使までしながら地元との闘いを続け、一二三一年、大学の自治を認める教皇勅書を勝ち取るのである。その媒介役となったのは、司教座教会参事会員の尚書(Chancellor)だが、尚書による大学自治の保証は大学の根幹をなしたため、やがてこの役職名は大学学長職を指していくようにもなる。

パリ大学がボローニャ大学と異なっていたのは、教師と学生の力関係である。草創期のボローニャ大学では、学生団が教師を雇用していたが、パリ大学では、このような力関係の逆転は生じていない。大学は、形式上は教師と学生の協同組合とされたが、評議会の議決権は教師だけにあり、学部を構成し、学部長や学長を選ぶのも教師だけだった。学生たちは、形式上は複数の国民団に組織されたが、これが学部に代わる大学運営上の実権をもつことはなかった。パリの学生団はボローニャほどに実権を有さなかったのだが、これは他方、昔からの教師と学生の家族的紐帯が、パリではボローニャほどには崩壊しなかったことを意味している。パリ大学では、教師は個人的に自分の学生の名簿を作成し、それらの学生を法廷や市民から擁護しなければならなかった。ボローニャ大学が、タテの師弟関係を解体してヨコの連帯を基礎に築かれたのに対し、パリ大学は、タテの紐帯がヨコに連合していくことで成立したのである。

さて、パリ大学のもう一つの特徴は、神学の中心性と学芸学部の独特の地位にあった。ボローニャやパドヴァのようなイタリアの大学が、法科大学や医科大学を枢軸に発展していったのに対し、パリ大学をリードしたのは神学部だった。学部編成の面では、神学部と学芸学部が歩調を揃え、法学部や医学部が後を追った。たしかに、キリスト教秩序のなかでの学問の地位では、神学が頂点にあり、その両脇に法学と医学が置かれ、自由七科を広く覆う学芸学部は、神学部や法学部、医学部に進む者がまず学ぶべき基礎的な課程とみなされていた。つまり、位階秩序的には、学芸学部は三学部よりも低く見られたのだが、他方で学芸学部の長は、他の学部のように学部長ではなく、全学の学長であった。これは、「パリのかつての学校の教師たちが、のちの学芸学部に吸収された学科を代表していて、他の学部の教師たちの方が、より高いランクに置かれたにもかかわらず、新しい教育制度の頂点には、かつて名声が一番高かったこうした代表者たちを立てようとしたからである」(プラール、前掲書)という。

3　増殖と衰退——大学の第一の死

最初の爆発と普遍主義の大学

一三世紀初頭までにボローニャ大学とパリ大学という二つの原型が成立して以降、ヨーロッパ各地で「大学の最初の爆発」と呼びうる急速な増殖が生じていった。大学設立が先行したのはイタリアとフランスで、これにイギリスと北欧が続いた。イギリスや北欧の大学がモデルとしたのは基本的にはパリ大学で、オックスフォード大学や、それから分岐したケンブリッジ大学が典型である。北欧でも、ウプサラやコペンハーゲンにいち早く大学が設立された。

これらにやや遅れ、やがてヨーロッパの大学文化の中心地帯となっていくのはドイツと中欧である。この地域で最初の大学は、一三六六年に設立されたプラハ大学で、ほぼ同時にウィーンとクラクフにも大学が設立されている。やがてドイツの大学は、ハイデルベルク、クルム、ケルン、エアフルト、ヴェルツブルク、ライプチヒ、ロストック、グライフスヴァルト、フライブルク、バーゼル、インゴルシュタット、トリーア、テュービンゲン、マインツというように、イタリアやフランスに勝るとも劣らない広がりをみせていく。この時代までにすでにボローニャ大学とパリ大学の名声は確立していたから、新設大学の創立者たちはこの両大学の卒業生を好んで招聘した。彼ら両校の卒業生は、こと就職口には困らなかったようだ。

こうして一五世紀までにヨーロッパ全土に遍く広がった大学にあって、何よりも重要な特徴は、その教育内容や教授方法の著しい画一性であった。全欧でおよそ七五校に膨れ上がった大学で、各分野での教授内容には地域差がほとんどなかった。中世の大学は、いずれもキリスト教の正統的信仰観念に基づき、イスラム経由で復興したアリストテレスを中核とする古代ギリシアの知を規範としていたから、画一化志向はそうした学問内容からも裏打ちされていた。ラテン語を共通言語とし、自由七科の基礎知識やキリスト教の神学体系を共有することで、中世西欧のすべての大学がほぼ同一の内容を、同じ方法で教えていたのである。実際、多くの「大学の規約は、授業を行う正確な時間、休憩を取ってよい時間、休みをどれだけ取ってよいかまで規定していた。また、その教師が、どのテキストを、どんな順序で講義すべきかを規定しているものもあった」(プラール、前掲書)。まったく裁量の余地なしの管理主義だが、この画一性が、教育カリキュラムの通訳可能性を支えていた。そのため、大学の専門課程の卒業者たちには、ある種の「国際教授資格」が与えられ、教皇権と皇帝権が及ぶすべての大学で教える権利が保証された。大学は最初からトランスローカルな知識空間だったのである。

このような大学の知の根源的な普遍主義を踏まえるならば、古代へレニズム文明の創出者となったアレクサンダー大王の師として、大王にも少なからぬ思想的影響を与えていただろうアリストテレスの哲学が、アッバース朝が版図としたイスラム世界でも、また一二世紀以降のキリスト教世界でも多大な影響力をもつようになっていったのは、おそらく偶然ではない。そこに共通するのは普遍性への意志であり、この普遍主義は、民族や文化の違いを超越した。実際、一三世紀半ばまでに、アリストテレスの哲学体系は、ヨーロッパの諸大学でカリキュラムの根底をなすようになっていた。たしかに一三世紀初頭、カトリックの教義体系との矛盾からアリストテレスの自然哲学が禁書とされた。しかし、この禁止措置は長くは続かず、結局のところパリでも、オックスフォードでも、他の多くの大学でも、それなしには体系的な教育課程を組むことができないほどにアリストテレスは大学知の深部に入っていくのである。

二つの普遍主義の間で

ここにおいて生じたのは、アリストテレス哲学のような水平的な普遍主義と、アウグスティヌス以来のキリスト教の超越的な普遍主義との間の矛盾をいかに調停していくかという問いである。一方で、中世ヨーロッパの大学教育は、一三世紀半ばまでに、ギリシア哲学、とりわけアリストテレスの哲学と分かちがたく結びつくようになっていた。この哲学体系は、自然をそれ自体で意味に満ちているものと考え、経験主義的な認識論を基礎づけていた。そこには超越的な神の場所が、用意されていないのではないか——。アリストテレスに対する多くの警戒の声に対し、その自然哲学をキリスト教の神学思想と総合していこうという努力が、一三世紀のヨーロッパの最も鋭敏な知性、すなわちアルベルトゥス・マグヌスやロジャー・ベーコン、そしてトマス・アクィナスによってなされていくことになる。そして一般に、トマス・アクィナスの神学体系が、アリストテレス哲学とキリスト教神学の総合を、最も透徹した姿で実現したのだといわれている。しかしながら、二つの普遍主義の統合は本当になされたのか。あるいはそもそも、ギリシア哲学と中世キリスト教神学との融和は可能であったのか——。

実際、一三世紀に一度は実現したかに見えた二つの普遍主義の総合は、一四世紀に入ると早くも崩れ始める。ヨハン・ホイジンガが「中世の秋」と呼んだこの時代、ヨーロッパ社会全体が、交流・発展の時代から衰退・恐怖の時代へ急旋回を遂げていった。成長の時代は終わり、長引く戦争、人口の停滞、気候変動による不作と飢饉、そして何よりもペスト(黒死病)の大流行が社会を襲った。実際、ペストがヨーロッパで大流行し始めるのは一三四八年からで、これによって当時の人口の三分の一以上が命を失ったというから、影響は甚大であった。それまでの社会の多くの前提が、一挙に崩れ去っていくほどの変化があったであろう。同じ頃、仏英では百年戦争の戦禍が広がっていた。長期に及んだ戦争は、大陸の都市間の商業交易に少なからぬ打撃を与えた。さらに一三七八年には、カトリック教会内でローマとアヴィニョンの双方に教皇が立って争い始め、「教会大分裂」の時代に入る。キリスト教会は、危機の時代、自ら汎ヨーロッパ的平和の主役となることを放棄してしまったのだ。今や人々は、中庸で温和なアリストテレスの哲学よりも、より急進的で終末論的な思想を求め始めていた。

不安定化する社会のなかで、大学の知も変貌する。平和と繁栄の時代には、理性と信仰を結ぶトマス・アクィナスの神学は広い支持を得たが、時代が一挙に衰退と分裂の様相を深めてくると、その理性主義は空々しく感じられてくる。危機の時代が求めるのは、中庸さではなく過激さである。一四世紀半ば、そうした探究を徹底させたのは、オックスフォード大学とパリ大学で教鞭をとったフランシスコ会の修道士ウィリアム・オッカムであった。彼が主張したのは、理性と信仰、自然科学と神学の明確な分離である。トマス・アクィナスはアリストテレスを神学化することで自然を神秘化し、同時に神から神秘性を奪った。今やなすべきことは、自然から神秘性を取り除き、神に再び神秘性を与えることである。被造物について人間が合理的推論と抽象化によって発見する諸法則は、人間の知的思考の産物であり、宇宙を創造した神の意図を明らかにするものではない。こうして「オッカムの剃刀《かみそり》」は、中世の神学者たちがこだわった理性と信仰の絆を断ち切り、自然科学を神の言葉から解放したのである。

教会と大学——托鉢修道会問題

もう一つ、一三世紀から一四世紀にかけてヨーロッパの大学を悩ませ続けたのは、教会との関係、より直接的には托鉢修道会との関係であった。問題の発端は、もともと学問への傾斜が強いドミニコ会の修道士たちが、大挙して大学で学ぶようになり、さらには教授職に就き始めたことであった。修道会の創始者であったドミンゴは、自らの会の修道士の神学教育に大学を利用しようと考えた。また、修道会が大学に根を張れば、そこで神学教育を受けた学生から新たな修道士をリクルートできる可能性もあった。托鉢修道会からすれば一石二鳥だが、大学側からすればこれは虫がよすぎる申し出であった。とりわけ大学にとって深刻だったのは、優秀だが大学に忠誠心のない托鉢修道士が次々に大学教師になっていくと、それまで大学を守ってきた「組合＝ユニヴァーシティ」としての性格に亀裂が入ってしまうことであった。

托鉢修道会の教師たちは、「大学に特有の問題を考慮に入れることなく、自分の修道会の利益のためにのみ行動し、司教に対する自立性、謝礼金といった在俗の同僚たちの関心事に煩わされなかった」(ヴェルジェ、前掲書)。彼らは謝礼金を要求しなかったので貧乏学生には歓迎されたが、在俗教師からすれば自分たちの生活を脅かす迷惑者であった。実際、托鉢修道会は潤沢な寄附で潤っていたので、学生から謝礼金を取る必要などなかった。しかも、修道会の教師は大学の命令には従わず、教員団の一致団結したストライキにも参加しなかった。

この問題が大学にとってやっかいだったのは、托鉢修道会との関係に関する限り、教皇権力は彼らの味方で、大学側にはなかなかついてくれなかったからである。たとえば一二二九年から三一年にかけてパリ大学で生じた大規模な教員ストライキで、托鉢修道士は大学と行動を共にしなかったばかりか、在俗教師の不在につけこんで、仲間の一人に大法官から神学の教授免許を授与させてしまった。大学に戻ってみると、自分たちのポストが危うくなっていることを知って驚愕した在俗教師たちの反対にもかかわらず、ドミニコ会を一貫して擁護する立場にあった教皇は、托鉢修道士の有資格者には誰でも「教授免許」を与える権限を大法官に認め、事実上、教授団による審査委員会の推薦権を無視してしまった。以後、パリやオックスフォードのような名門大学では、托鉢修道会系の神学教授を制限しようとする大学と、ドミニコ会をはじめとする托鉢修道会を有力な大学教授団として認める教皇とのせめぎあいが続く。

教皇の立場からするならば、大学、とりわけその神学部の価値は、異端の台頭でもはや知的無能が許されなくなった教会の聖職者たちに適切な神学教育を施し、最低限の知的水準を保証しつつ、異端の説教師たちを論理で打ち負かすことのできる優秀な神学エリートを育てることにあった。だからこそ、教会は説教師や司教など教会の要職に就くための条件として学士号取得を要求し、そのことは大学の利益にも適っていた。しかし、教会が必要としていたのは精神の戦士であって、書斎の自由人ではない。アリストテレスが大学の基本教程となったのも、教会の立場からするならばその論理弁証法が論戦に必須だからであって、彼の自然観や社会観を認めたからではなかった。この観点からするならば、大学は究極的には教皇庁に仕える制度となるべきで、教会から自立した存在にとどまるべきではないことになる。そうした目的のためにも、各地の大学で托鉢修道会の教授が増えていくのは歓迎すべき事態となろう。

したがって、托鉢修道会の知識層が大学に根を張っていくことは、大学の「自由」の根幹を脅かしかねない危険性を孕んでいた。もちろん、大学も手をこまぬいていたわけではない。大学は修道会に対して団結する必要があったので、資金を賄うために学生と教師に「税」を課し始めた。その結果、大学の財務規模が拡大し、大人数の学生や教師を抱える学芸学部が全学の財政を支えるようになり、発言権を増した学芸学部長が学長となる傾向が強まった。

こうした大学側の体制強化にもかかわらず、全体的な状況は教皇側に有利に動いていく。実際、一四世紀半ば頃には、ヨーロッパ各地のほとんどの大学に神学部が設けられていたが、その多くは事実上、托鉢修道会の学校であった。たとえばアヴィニョン大学では、一四三〇年から七八年まで、神学部教授のすべてが托鉢修道士であったばかりか、神学部に登録していた二七〇人の学生のうち二五〇人が托鉢修道士だった。ジャック・ヴェルジェは大学の在俗教員と托鉢修道会の一連の抗争を総括して、一三世紀末以降になると、各地の大学の「神学部は教会権力に対して絶対的な依存状態に入り、教会が期待していた役割を果たすことになる」と言う

（前掲書）。これ以降、神学部が事実上、修道会のものとなっていくのに比して、法学部と医学部はその専門性によって神学部とは一線を画し、学芸学部は神学部に対抗し、大学がローマ教会の付属施設になってしまうことに抗する唯一の牙城となっていった。

統一性の崩壊と凋落

大学の発展は、ほぼ一四世紀初めまでで終了する。一四、一五世紀を通じ、全ヨーロッパの大学数は増え続けるが、質的な革新や発展はほとんどない。諸大学の神学部は、托鉢修道会や教皇庁との緊張関係を失うと、ほどなくして学位に権威づけられて教会での出世ルートを開拓することや、教会と結託して野心を実現することに熱中し始めた。教会側も、宗教裁判や異端審問では大学神学部の意見を求めたから、教会と神学部の間には持ちつ持たれつの関係が成立していた。教育内容の面でも、初期には論争に次ぐ論争を巻き起こすダイナミズムを抱え込んでいたスコラ哲学も、緊張感を失って旧套墨守の公式論理と化していった。

他方、この時代に最も深く教皇庁と結びつき、その中枢に入っていったのは神学部以上に法学部だった。一三〇九年から七六年までに在位した一三四人の枢機卿のうち、少なくとも六六人は大学卒で、その七一％が法学部出身、神学部出身は残り三割弱にすぎなかった（ヴェルジェ、前掲書）。この時期、キリスト教会支配のもとで西欧社会全体の官僚制化が進み、法学的な知識は、教会と国家のいずれにとっても、ますます不可欠のものとなったのである。

一五世紀末以降の大学の変化のなかで、深刻な影響をもたらすのは汎ヨーロッパ的な統一性・画一性の崩壊である。それ以前、ヨーロッパのどこであれ地域による大学の違いは微々たるものだった。ところがやがて、このような大学の汎ヨーロッパ的統一性が崩壊する。大学は、それがどこの領邦国家に属するかで大きく異なる運命をたどっていくのだ。そもそも大学の設置自体が、今や各領邦国家の君主によってなされていくようになる。

このような動きに率先して乗ったのは、イタリアやフランスよりもドイツの領邦君主であった。一四九五年、皇帝マクシミリアン一世が帝国内の領邦君主にそれぞれ大学を設立するように勧めたのを受けて、ドイツの領邦君主たちの間には、大学とは何か、それを維持するだけの経済力があるのかどうかなどお構いなしに、功名心から形ばかりの「大学」を設立する動きが広がっていった。大学が知の自由の空間から単なる知的ブランドに転落する第一歩がすでに始まっていたのである。しかもこの動きは、宗教改革の荒波を受けて領邦がカトリック側とプロテスタント側に二分されるなか、大学をもたない領邦が他宗派の隣国と張り合うために、既存のギムナジウム(中等学校)を「大学」に昇格させることによっても加速された。

こうして一六世紀から一七世紀にかけてのドイツでは、一方のプロテスタント側領邦で、ヴィッテンベルク、フランクフルト、マールブルク、ケーニスベルク、イエナ、ヘルムシュテット、ギーセンなどに、他方のカトリック側領邦で、ディリンゲン、ヴュルツブルク、パーダーボルン、ザルツブルク、オスナブリュック、バンベルクなどに大学が設立されていった。これらの新設大学の多くは、財政的な見通しもあいまいなまま、大急ぎで設立されたものだったので、予算節約のために既存のギムナジウムに幾人かの教授を補って「大学」の名を冠したものや、神学部だけで設立し、後に既存のギムナジウムからの教師転用で学芸学部を開設するものもあり、作ってはみたものの学生が集まらずに長続きしないところも続出した。

概していうなら、それでもドイツの大学状況はまだましであった。一六、一七世紀、イギリスやフランスでは大学はドイツ以上に発達しなかった。イギリスの場合、オックスフォード大学とケンブリッジ大学が、全欧に名声を博していたパリ大学に倣って創立されたのは一三世紀のことである。宗教改革から清教徒革命に向かう時代、これらの大学は台頭するピューリタンと王党派の激しい争いに翻弄され、やがて深く長い沈滞期を迎えていく。アダム・スミスは一七七六年に出版された『諸国民の富』で、両大学を「打破された体系や時代おくれの偏見が世界の他のあらゆるすみずみから追いたてられたのち、そこに避難所をみいだし、保護を求める聖域」と評し、大学が旧套墨守で凝り固まった場所になったことを批判している。

実際、一八世紀には、両大学で「聴講学生の数も（教師の）年俸の額も信じられないほどわずかだったので、教授の多くは講義することを全くやめていた。オックスフォードのシラバスは依然として時代遅れのスコラ主義によって支配されていた。ニュートンとベーコンの思想がついに勝利をおさめたケンブリッジでさえ、学位コースは無味乾燥で退屈なものであった」という。学生もこの頃になると上流階層出身者の割合が増え、彼らは大学で「衣裳の優雅さを見せびらかし、くだらない娯楽に時間を浪費した。学生の知的能力は、グラマー・スクールが沈滞し、……大学進学奨学金を(優秀な学生に)提供できなくなるにつれて、一六六〇年以降とくに低下した」(V・H・H・グリーン『イギリスの大学』)。こうして一八世紀末には、オックスフォードとケンブリッジ両大学とも、学問的には瀕死の状態になっていた。

終焉する都市=移動の時代

一六世紀以降の大学の変化でさらに深刻なのは、大学が、その存立のもともとの根底にあった教師と学生の組合団体性、教皇や皇帝の保証された自治権を失っていったことである。大学は、教師の選定でも教授内容でも、しだいに領邦君主とその官僚機構の管理下に入りつつあった。大学教師はしばしば領邦政府の役人となって、その監督下で教鞭をとるようになり、学生たちも政府の監督下に置かれ、卒業後は聖職者よりも国の役人になるほうが主流となった。とりわけ学位や教授職は、もはや汎ヨーロッパ的共通通貨ではなくなって、各領邦国家の国境内に閉じられていった。それまでのような学生や教授たちの国境を越えた自由な行き来は制限されるようになり、宗教教義の異なる他国の大学で学ぶことも認められなくなっていった。

この傾向は一七世紀末以降の絶対主義王政でさらに加速し、大学は国家機関、教授は国家官吏、学生は未来の国家官僚となる仕組みが出来上がる。これは、個々の大学の立場からするなら、自律性の喪失と引き換えに財政上の安定を手に入れることを意味した。個々の教師の立場からしても、教育の自由は失っても、政府に雇われた官吏として生活が安定し、今までのように寄附や時々の聴講料に頼らなくてもよくなるのだから、悪い話ではなかった。こうした条件を前にして、大学とその教師がどの未来を選択するかは明白であり、領邦国家による大学の取り込みは、上からの強制というよりも、むしろ下からの選択の結果であった。

以上のような一六〜一七世紀の大学の状況を、H＝W・プラールは次のように要約する。


中世末にすでに大学の中に認められた没落傾向は、大学が続々と新設され、領邦国家に組み入れられたことによって、表面上は糊塗されてはいたが、もちろん、そんなことだけでこの傾向が克服されたわけではなかった。精神的な偏狭さは、すべての大学が新旧の教会に二分されたことで、さらに強まっていた。宗教改革とそれに続く反宗教改革、そして延々と続いた宗教戦争で、宗教的対立と争いとは、大学の中にも持ち込まれていた。プロテスタントの大学とカトリックの大学は、互いの言い分を一切受け付けなかったし、プロテスタントの中ではさらに、ルター派、改革派、カルヴァン派に分裂していた。教授を任用するときには、規則として、領邦君主の信仰する宗派への宣誓が行われたが、それに先立って普通行われる「教授任用試験《エクサーメン・ドクトゥリナエ》」では、候補者はその信条を試される「やりきれないほどに辛い試験」に耐えねばならなかった。このことのために、当時の人々の嘆きの声にもあるように、追従や密告や陰謀が横行した。（プラール、前掲書）

パリ大学とそれをモデルにした多数の大学でみられたように、キリスト教会は大学の足枷でもあったが、基盤でもあった。大学の教師と学生は、教会の教えに諄々と従っていたわけではまったくなく、地元の支配的権力と対抗して自らの立場を防衛するため司教や教皇、キリスト教会の力を最大限利用した。したがって、キリスト教会が分裂して争い、教会の権威が著しく低下したことは、大学にとって大きなダメージであった。しかも、このキリスト教世界の分裂と分断から、全ヨーロッパが横断的に結びつくのではなく、明確な国境線によって領域を分割し、それぞれの国民語で組織されるネーションが浮上してきたことは、中世的な意味での知識の横断的ネットワークとしての大学そのものの基盤が失われていくことを意味していた。時まさに、都市の時代が終焉し、国民国家の時代が到来しようとしていたのである。

第Ⅱ章　国民国家と大学の再生

19 世紀末，ジョンズ・ホプキンス大学はその卓越した大学院制度によって，ドイツの「フンボルト・インパクト」に並ぶ衝撃力を大学に与えた．同大学での外科手術の授業風景（F. Tejerina, ed., *The University: An Illustrated History* より）

1　印刷革命と「自由な学知」

大学の第一の死

中世都市を舞台に誕生し、急速にヨーロッパ全土に増殖していった大学は、今日の大学のルーツではあり得ても、その直接の出発点ではない。それどころか、中世に誕生した大学は、中世が終わる頃までに徐々に重要性を失い、それから一八世紀末まで、学知の発展にとって周縁的な存在にとどまるのである。第一の爆発の後で、第一の死がやって来た。

見過ごせないのは、大学が衰退していく時代と、近代知のパラダイムが浮上し、認識の地平を大きく広げていく時代がほぼ対応していたことである。つまり大学は、近代知の主体ではなかった。それどころか、近代の自然科学や人文主義が姿を現し、人々の認識世界を劇的に変えていくまさにそのときに、大学は学問的想像力を失い、古臭い機関になり下がっていたのである。だいたいデカルト、パスカル、ロック、スピノザ、ライプニッツといった近代知の巨人たちのなかで、どれだけ大学教授を生業としていた者がいたであろうか。近代の認識地平が立ち上がってくる決定的な時代、大学は何ら中心的な役割を果たしてはいないのである。

この時代の大学は、かつての中世の都市間移動のネットワークを背景にした自由な知的創造性をすっかり失っていた。一六世紀、宗教改革の嵐のなかで、大学は対立を超えた公共的な場を形成するどころか、プロテスタント派とカトリック派に分裂し、お互いに相手の言い分を拒絶する体制を作り上げてしまった。他方でこの時代、領邦の君主たちは、しばしば功名心から自国に大学を新設し、あるいは既存のギムナジウムを大学に昇格させたが、多くは大学の名前を冠したものの実質が伴わず、それらは君主権力の衰えとともに消えていった。遍歴する学生や教師の協同組合として出発した大学が、「知の自由」を根本原理としていたのに対し、もはや社会から自由な移動性が失われていたこの時代、大学は君主権力の監督下で生きながらえるエリート養成機関という以上のものではなくなるのである。こうして英国の二つの名門大学は、貴族的な規範を選ばれた若者たちに伝授する訓育機関としての性格を強めていったし、そのような機能を持ち得なかったフランスの大学は、没落への道を歩んでいった。

たしかに一八世紀になると、近代知は大いに発展を遂げ、新たな知識生産と継承のシステムが必要とされていた。しかし、ここで主役を演じたのは大学ではない。むしろ絶対君主制下で軍事や医学、工学、法学などの専門知を集積し、伝達する機関として発達していったのは専門学校やアカデミーである。今日のように、専門学校を大学の下に置いてしまう発想は、一八世紀のものではない。むしろ一八世紀には、医学にせよ、法学にせよ、トップレベルの専門学校は大学よりもずっと質が高いと考えられていた。たとえばベルリンの医師養成所は、いかなる大学の医学部よりも優れているとされ、またこの頃にはまだ大学に工学部はなかったから、工学的な知を発達させるのは、もっぱら鉱山アカデミーや建築アカデミーの役割だった。そして大学はといえば、多くの貴族子弟を引き入れて、様々な宮廷の称号や礼儀作法、儀式、生活態度が取り入れられ、その権威主義のなかで学問的な創造性は窒息させられていた。

したがって、一二～一三世紀に「都市の自由」を基盤に「知の自由」をダイナミックに抱え込んだ協同組合的な場として誕生した大学は、近代世界が形成されてくる歴史のなかで一度は死んだのである。この一六世紀から一八世紀までの「大学の死」は、宗教戦争と領邦国家、印刷革命というつかの要因が折り重なるなかで決定づけられていった。宗教戦争と領邦国家は、それまでのヨーロッパ全土に及んだ都市ネットワークの時代、すなわち自由な移動の時代を終焉へと向かわせ、印刷革命は、大学などもはや必要としない仕方で近代的な科学や人文知の発展を可能にした。つまるところ、大学は宗教によってひき裂かれ、国家のなかに取り込まれることによって「自由」を失ったのであり、グーテンベルクの「銀河系」が、新たな「自由な学知」を大学以上に過激に実現していく基盤として浮上していったのだ。

大学都市から印刷工場へ

すなわち、宗教戦争と領邦国家の台頭が、量的な爆発を続けていた大学を形骸化させ、やがてそれを「第一の死」に向かわせた主たる要因であったのに対し、一六世紀以降、大学に代わり社会の知的創造力の基盤となっていったのは印刷術であった。都市ネットワークの時代から印刷メディアの時代へ――「自由な学知」は、その基盤を大きく変化させていった。

実際、一六世紀には、グーテンベルクによる印刷術の発明により、それまでの手書きの文化が活版印刷の文化に転換するという、人類の知識史上決定的な革命が起きていた。エリザベス・L・アイゼンステインらが示してきたように、この印刷革命は、宗教改革や近代科学の誕生の必須の前提となっていく。そして、このメディア史上の革命によって、ラテン語の知識世界は徐々にドイツ語、フランス語、英語といった国民語の世界に変容し、やがて印刷された書物の世界を基盤にして近代知の「偉大な著者」たちが登場してくることになる。

しかし、「大学」と「出版」の関係は、単純な対立・補完関係ではない。活版印刷発明に至るいくつかの重要な前提が、中世の大学における教科書製作の革新により用意されていた。中世の大学において、大学公認の何軒かの書店は、各学部で使用される主な教科書を一冊所有していた。書店は教授によるチェックを受けた上で、この一冊を複製していくことができた。もしも大学側で何人かがこの教科書を手に入れたいと思ったなら、公定料金を払ってまず模範本を作り、それを写字生に筆写させた。その際、本は合本せず、ばらばらの冊子の状態にしていたので、複数の冊子を数人の写字生が分担しながらまわして作業を進めることができた。後の活版印刷のスピードからすれば及ぶべくもないが、少なくともこれで一冊ごとに筆写するよりも数倍、否、数十倍のスピードが可能であった。実際、教科書は厚いものなら数十の冊子を合本したものだったから、数十人の写字生がその一つ一つを一斉に筆写していけば驚くほど複製のスピードは上がった。マーシャル・マクルーハンが後に述べるように、出版が最も古い資本主義であるとするならば、ここにおいても手工業が機械工業に先行したのである。

しかも、中世の大学では、後年になればなるほど教育のなかでの教科書の役割が大きくなっていた。大学教師による書物の使用頻度が増すと、やがて書物のメディアとしての姿が変容し始める。ルゴフによれば、まず羊皮紙の製造技術が進歩し、以前の写本よりもずっと薄く柔らかく、黄ばみの少ない紙が流通するようになった。また、方々への持ち運びに便利なように、書物の大きさが二つ折判から四つ折判に小さくなった。書体も、ゴチック体が急速に旧来の書体にとって代わった。ちなみにゴチック体には地方差があり、ボローニャ、パリ、オックスフォードはそれぞれの書体を生み出していたようだ。さらに書物の装飾が慎ましくなり、装飾体が減り、貧しい学生が多かった神学部や学芸学部では、教科書から飾り文字が消えていく。さらに略字が増加し、ページが付けられていくようになり、目次が整い、略字リストなどの一覧表ができるだけアルファベット順でなされるようになっていった。つまり大学の教科書において書物の標準化が進み、活版印刷以降の本の姿が用意されていったのである。

こうした前史に目を向けるなら、印刷革命が書物の標準化にもたらした効果を、アイゼンステインはいささか過大評価しているとの批判も的外れとはいえない。たしかに彼女は、多様な写字生の書体からゴチック体とローマン体への書体の標準化を、機械的な印刷術がもたらした効果として捉えた。また、参考文献のアルファベット順配列が普及したのも、文字配列を機械化するところに技術の本質があった活版印刷の効果とされた。「体系化、組織化の努力は印刷術の出現するはるか以前から、説教師や教師に見られたことで、彼らは他の聖職者の便宜のために聖書などの用語索引を編纂したり、自分用に聖書の文章や説教の題目、聖書の評釈などの分類を行なって」いたものの、「中世にはそれが自己流でばらばらな形式のもとに行なわれた」だけだったというのだ(『印刷革命』)。しかし、大学都市で起きていたのは、必ずしも「自己流でばらばらな形式」ではない、かなりの程度標準化された編集方式の出現であった。

出版という知識人ネットワーク

印刷文化の諸特徴が、すでに中世の大学都市での教科書の手工業的製作のなかで芽生えていたとしても、活版印刷によって知の生産体制に決定的な変化がもたらされたのは事実である。とりわけ重要なのは、活版印刷の産業化が、中世の大学とは異なる仕方で、新たな「精神の職人」の領域横断的なネットワークを創造したことである。実際、初期の印刷業者には、聖職者や大学教師がいることは珍しくはなかった。修道院長を務めた人物が編集者や校正者として仕事をし、そこから金属職人や機械工と緊密に連携していくといった関係も生まれていた。天文学者と彫金師、医者と画家が手を結び、知的労働の古い境界線が突破され、「頭脳と目と手の働きを組み合わせる新しいやり方」が、次のような具合で発達していった。

印刷業の親方自身も、多くの世界の橋渡し役をつとめた。資金と材料と労働力を集めるかたわら、複雑な製造予定を立て、ストライキの始末をつけ、本の市場動向の予測もすれば、学識のある助手を揃えもする。うしろ立てになって金になる仕事を与えてくれる役人たちとは仲良くしなくてはならず、その一方で自分の印刷所に利益ないし名声をもたらしてくれそうな、才能のある作家や芸術家を育て励ますことも怠れない。事業がうまくいって、仲間の市民に影響力のある地位を得ることができれば、印刷所はほんとうの意味での文化的中心となって、その地方の知識人や高名な外国人を集め、広がりゆく国際的学問世界の集会場とも伝言場所ともなった。(アイゼンステイン、前掲書)

つまり出版産業は、同時代の硬直化した大学よりも、はるかに知的創造性を秘めたネットワーク環境を形成しつつあったのだ。しかも、このネットワークは著者の発掘や本の編集においてのみ機能していたのではなく、再版の際の内容改善や刊行書目の改良にも反省的な回路として有効に機能した。たとえば新しい本について、しばしば読者から誤りの指摘や新しい情報が得られ、それが次の版に反映されていく。一六世紀の出版社には、「通信員の大きなネットワークを築いて各々の出版物について批判をあおぎ、時には新しい情報を寄せた人、あるいは取り除くべき誤りを指摘してくれた人の名前を発表すると公約した業者」もあったという。

一六世紀以降、このようにして出版社に媒介される知のネットワークが、中世以来の大学をも凌ぐ知的創造性の拠点となり始めたことは、そうした創造を担う主体が、都市から都市へと遍歴する「学生」から、むしろ書斎や書庫で大量の本を読み比べる「読者」に変化しつつあったこととも対応している。活版印刷の直接の効果は、本の量産化と低廉化であった。それは結果的に、知識人が以前よりもずっと安く、ずっと多くの本を購入し、手元に置いておくことができるようになったことを意味していた。彼らは、かつてならば一生を旅から旅へ費やすことでようやく目にできた数よりもずっと多くの文献を、居ながらにして手にすることができるようになった。そして、書棚に並ぶ本が増加すると、当然ながら多種のテクストを照合・比較する機会が増えていく。今や知識人が都市から都市へ、修道院から修道院へ遍歴する時代は終わり、書斎や図書室での「書物の綿密な比較照合の時代」がやって来たのである。

一二世紀、中世ヨーロッパのキリスト教世界に知的革新をもたらしたのは、イスラム経由のアリストテレスという外部からの認識地平の導入であった。この革新は、とりわけ当時の都市ネットワークに基礎づけられた大学と結びついていった。一六世紀、近代に向かおうとしていたヨーロッパで、再び知の革新をもたらすのは、外来の知というよりも、ヨーロッパ自体のなかでの知識の流通・蓄積の爆発的増大である。これにより、「豊富な書物は古い学説に対する信頼を弱めるばかりでなく、新しい知識の統合置換も促した」と、アイゼンスタインは強調する。ヨーロッパ各地で膨らんでいった知識流通は、まずは古い知の新たな結合を、続いてまったく新しい思想体系の創出をもたらしていった。今や大量に印刷され、全ヨーロッパ規模で流通するようになった書物を媒介に、芸術家と学者、実践家と理論家、技術者と書店主等々、異なる領域の人々が交流を始め、新たな結合が形成されていく。そのような書物に媒介された交流圏が、自然科学から人文知までを横断する近代知の革新を可能にしたのである。

大学と出版を知の流通方式として比較した場合、一方の団体としての閉鎖性と他方のネットワークとしての開放性という違いがあることに気づく。写本時代、手書きの文書はどうしても世代から世代に伝えられる間に筆写する人による誤写や変形を免れることができなかった。また、稀少な文書が数多くの人の手に触れられていくと、いずれは磨滅してしまう。保管状態によっては、テクストが散逸してしまう危険と隣合わせだった。だから、文書をできるだけ永続的に継承しようとするならば、知識を秘伝化すること、すなわち専門的な知識や能力を備えた少数の選ばれた人々に閉じたほうが確実である。徒に知識を公衆一般に開放することは、その知識の正確性を危うくしかねないからだ。大学による学位授与の複雑な仕組みにも、そのような知識への参加資格者を限定し、正確な継承をしていこうとする配慮が含まれていた。

しかし、印刷術を基盤に広がっていくのは、知識のより開放的な継承の仕組みである。大量複製技術である活版印刷は、同一のテクストを大量に出現させてしまうから、その一部が事故で失われても、何冊かは必ず後代に伝えられていく。実際、同じ文書が数千の規模で分散的に所有されていくと、もはやこれを秘伝化することは不可能となる。社会的記憶は外部化され、大量複製化されることで永続性が担保されるのだ。したがって、出版がメディアとして生み出す知のネットワークを支えていくのは、「団体」の論理ではなく「市場」の論理である。その資本主義的発展の初期において、市場システムは、社会的境界を越える新たな知的交通の場を出現させていた。文芸の初期資本家たちは、まだ著作権という観念が成立する以前から、将来性のありそうな作家たちと結び、学者、翻訳家、編集者、技術者、行政官などの「人脈」のハブとなっていた。この人脈はしばしば多言語、多文化の国際性を備え、新たな普遍的人文知の基礎を形づくった。こうして出版資本に導かれて浮上してきた「市場」の空間こそ、やがてユルゲン・ハバーマスが「文芸的公共圏」と呼ぶことになるものの原型だった。

「大学」から「アカデミー」へ

出版産業が浮上させた越境的な知のネットワークは、一六世紀以降の人文主義者から一八世紀の百科全書派までを貫く土台となる。人文主義の古典とされるエラスムスの『痴愚神礼讃』が世に出たのは、一五一一年のことである。その三年後、エラスムスはバーゼルの書店主ヨハン・フローベンと知り合い、彼の書店に著作を継続的に出版してもらうようになる。彼の親しい友人であったトマス・モアは、一六年に『ユートピア』を出版している。さらに三二年には、フランソワ・ラブレーの『ガルガンチュアとパンタグリュエル』の出版が始まっている。このように一五世紀初頭の古典の出版年を明記できるのは、この頃から本は書店が印刷本として出すものになっていったからだ。写本時代には、本の刊行を明確な年号で印づけるのは不可能だった。ダンテの『神曲』は活版印刷以前に書かれたものだが、そもそも「神曲」というタイトルは写本時代には存在せず、今日の書名と形態が確定するのは、ダンテ自身の死後二〇〇年以上を経た一六世紀半ばの出版文化のなかでのことであったとされている。

やがて、神学や学芸の学識を身につけた人材が就ける職種は、出版関連の諸分野にも拡大していった。たとえば、一六世紀半ば以降、人文主義の教育を受けた人々が書店と結びついて「文筆業」で生計を立て始めた。こうした動きを先導したのはヴェネチアなどイタリア諸都市で、多筆家たちは年代記や事典から入門書まで、あらゆるテーマの記事を書きまくっていた。一六世紀後半になると、パリやロンドンでも類似の職種が成立していった。他方、大学で訓練を受けた読書家は、貴族や統治者の書記官にもなった。一六世紀、フランシス・ベーコンの秘書官の一人はトマス・ホッブズだったというから多士済々であった。また、出版物の量的拡大で図書館の重要性が増し、司書や歴史編纂官のような職も浮上しつつあった。

これらの新しい知識人たちが向かったのは人文主義と自然科学であり、それは中世以来のスコラ学とは前提を異にしていた。逆にいえば、スコラ学的な伝統を捨てきれない大学は、新世代の知識人たちからすれば時代遅れの旧套的な体制と見えがちだった。人文主義者や自然科学者は、「大学」とは異なる、新時代に適応した新しい知の制度が必要と考えていた。

こうして近代初期、人文主義者や自然科学者がしばしば新興の有力者の保護を受けて設立していったのが「アカデミー」であった。そのルネサンス期における最初の例は、フィレンツェのコジモ・デ・メディチが一四三九年に設立したプラトン・アカデミーだが、これはコジモをパトロンとした新プラトン主義の私的サークルといった風であったらしい。アカデミー設立が本格化するのは一六世紀以降で、「サークルよりも格式があり長続きはするが、大学の学部よりは格式ばらないアカデミーは、革新を求めるには理想的な社会形態であった。徐々にではあるがこうした集団は機関へと成長してゆき、会員の定数制、規約、定期会合をもつようになった。一六〇〇年までにイタリアだけで約四〇〇のアカデミーが設立され、ポルトガルからポーランドにいたるヨーロッパの他の地域にも存在した」(ピーター・バーク『知識の社会史』)。

もちろん、大学とて一枚岩ではなく、比較的新しく設立された大学では、付属施設として天文台や植物園、解剖学教室や実験室を設置し、これらの施設によって時代に適応しようとしていた大学もあった。しかし、全体として見るならば、新世代の知の推進者たちにとって、大学は基盤というよりも障害であった。彼らは、大学が新しい科学を拒否し続けるのならば、むしろアカデミーが、未来の学術知識の拠点になると考えていた。代表的なものとして、イタリアでは一六五七年、ガリレオの助手であったヴィンチェンツォ・ヴィヴィアーニらによってフィレンツェの実験アカデミーが設立されているし、六〇年にはロンドンの王立協会が、またフランスでは、三五年にアカデミー・フランセーズ、六六年には王立科学アカデミーが設立されている。当時、大学の学問的信頼は落ちる一方で、一八世紀が始まる頃にはアカデミーこそが大学にとって代わる最も有力な研究教育の場とみなされるようになっていたのである。

実際、科学はもとより、芸術に関しても、最も才能に恵まれた人々は、大学ではなくフィレンツェやボローニャ、パリなどのアカデミーの教育を受けねばならないという考え方が広まりつつあった。数学、土木、軍務などの分野では、貴族の子弟相手のアカデミーが各地に設立されていた。そして一八世紀になると、アカデミーの数は倍増し、全ヨーロッパ規模で各地に新たなアカデミーが開校されていった。ちなみにウィーンの工学アカデミーは一七一七年に、プラハのそれは一八年に、ハルツ山地の林学アカデミーは六三年に設立され、中欧のスロヴァキアやザクセンには鉱山アカデミーまで誕生している。こうしてたとえば英国では、一六六三年から一七五〇年までの間に約六〇もの英国国教会には属さないアカデミーがロンドンやその近郊、地方都市に設立された。それらのアカデミーでのカリキュラムは、「大学と比べて伝統色が薄く、将来ジェントルマンになるよりは実業家の育成に心がけて」編成され、近代哲学、自然哲学、近代史などの新しい学科を重視していた（バーク、前掲書）。要するに、アカデミーでは硬直化した大学よりはずっと柔軟に、実学的で先端的な教育がなされていたのである。

今日の通念は、「アカデミズム」を大学の象牙の塔的な学問と同一視し、新しい時代の変化に対応できない権威主義的価値観とみなしがちである。しかし、「アカデミズム」の今日的起源が一七、一八世紀のヨーロッパでのアカデミーの隆盛にあるとするならば、この思い込みは二重に間違っている。まず、アカデミーと大学は当時、同じものではなく、むしろ対抗的な関係にあった。大学の保守性を批判し、新しい知を切り開く先端的役割がアカデミーには期待されていたのである。第二に、そうして浮上したアカデミーは、新しい時代に対応できない伝統性などとは正反対の、むしろ実学的で先端的、新しいものに対応して実験的な知を紡ぐ専門家集団を基盤としていた。「アカデミックな知」が敵対していたのは、今日の奇妙な思い込みが信じるような「ジャーナリスティックな知」ではなく、むしろ中世的な大学に端を発する「スコラ的な知」である。中世はアリストテレスを新しい知の先導者として召喚したが、一七世紀までにアリストテレスは、新しい時代への欲望とは対極に位置する権威となっていた。このときむしろアリストテレスではなくプラトンが再び召喚され、そのプラトンの教育の場であったアカデミーこそ、新しい知の先導者となるべきだと人々は考えていたのである。

2 「大学」の再発明――フンボルトの革命

大学の「第二の誕生」

それまでの長きにわたる危篤状態からするならば、一九世紀、大学はいよいよ臨終の時を迎えておかしくはなかった。一八世紀には、大学はもう歴史的な役目を終えているのだから、すべて解体すべきだとの声すら公然と語られていた。実際、学問的な想像力の場としては、もう数世紀も前、一六世紀あたりまでに大学はとっくに死んでしまっていたのだ。

ところが一九世紀、学問機関としての大学は、ナショナリズムの高揚を背景に、劇的な「第二の誕生」を迎える。潮木守一ら教育史家が探究してきたように、この大学の奇跡の復活は、一九世紀初頭のドイツで、研究と教育の一致という「フンボルト理念」に沿うようになされていった。そしてこのドイツ発の新しい大学概念が、二〇世紀を通じて米国を中心に世界に広がり、一八世紀には大学を時代遅れに見せていた専門学校やアカデミーなどの制度を呑みこんで史上最大の研究教育体制にまで成長していくのである。中世的な意味での大学が、今日の大学のルーツではあっても、その直接の先行者ではないのに対し、一九世紀になって再び「誕生」するこのフンボルト＝国民国家型の大学は、今日につながる直接の先行者である。

このプロイセンにおける新しい大学誕生の直接的な契機となったのは、フランス革命とナポレオンに対する軍事的敗北であった。一八〇四年に皇帝の地位に就いたナポレオンは、翌年のイギリスとの海戦では敗北を喫するも、大陸では無敵の進軍を続け、〇五年にアウステルリッツの戦いでオーストリア・ロシア連合軍に完勝し、〇六年にはイエナの戦い、アウエルシュタットの戦いでプロイセン軍を撃破する。ヨーロッパ大陸のほぼ全土を支配するナポレオン帝国が形成されようとするなか、敗戦国となったプロイセンでは、政府中枢でも危機意識を背景に改革機運が強まり、ヴィルヘルム・フォン・フンボルトらの大学改革案が受け入れられる土壌が形成されていた。フィヒテは〇八年に「ドイツ国民に告ぐ」を発表し、〇九年にはフンボルトが大学改革に着手、翌一〇年にベルリン大学が誕生してフィヒテが初代総長に就任する。全盛期は過ぎたとはいえ、いまだナポレオンの支配が続いていた時代、ベルリン大学創立は、一八世紀の啓蒙思想を受け継ぎながらも、ドイツをフランス帝国の支配から解放し、次世代を新しい国家建設に向かわせようとするナショナリズムの高揚と深く結びついていた。

一九世紀のドイツにおける大学の劇的な再興には、同時代のフランスとの厳しい拮抗関係という事情があった。フランスが掲げた「文明」の概念とアカデミーや専門学校、美術をはじめとする新しい知の制度に対抗するには、ドイツはむしろ「文化」の概念を掲げ、アカデミーが批判したところの当の大学を、その古い姿とはまったく異なるものに革新してみせなければならなかった。一八世紀末以降、フランスが、百科全書派らの啓蒙思想からフランス革命へ、そしてナポレオン戦争へと動乱の時代に向かったのに対し、ドイツはこの時代、軍事・政治的にはフランスに圧迫されながら、文化・学問的には、啓蒙思想とナショナリズムの交錯を通じ、ヨーロッパのなかで最高度の知的深みに達しつつあった。カントがその先駆者であることは疑いないが、フィヒテ、ヘーゲルといったドイツ哲学の興隆があり、文学ではゲーテ、シラーが、音楽ではベートーベンが登場した。この時代のヨーロッパは、文化的には、イギリスの時代でもフランスの時代でもなく、紛れもなくドイツの時代であった。近代の大学は、このようにしてフランス型のアカデミーに対抗したドイツの知的達成を、この国のナショナリズムが次世代の育成に結びつけていこうとしたとき、新たな知の拠点として再浮上したのである。

有用性と自由な理性の葛藤

中世の大学の思想的核心がアリストテレスにあったとするなら、近代の大学の思想的核心をその発展に先駆けて示したのはカントである。カントは一七九八年、晩年に書いた「諸学部の争い」で、その後の近代的大学概念に長く影響を与えることになる未来の大学についての見取り図を示した。彼によれば、大学とは、神学部、法学部、医学部という「上級学部」と、哲学部という「下級学部」の弁証法的統一体である。三つの上級学部は、大学外に、そこで教える内容を方向づける上位の審級をもつ。すなわち、神学部は教会を、法学部は国家を、医学部は公衆医療を目的に成立している。「聖書神学者はその教説を理性からではなくて聖書から、法学者はその教説を自然法からではなくて国法から、医学者は公衆に施される治療法を人体の自然学ではなくて医療法規から汲みとる」のだ。これに対して哲学部は、「みずからの教説に関して政府の命令から独立であり、命令を出す自由はもたないが、すべての命令を判定する自由をもつような学部」である(「諸学部の争い」)。つまり、三つの上級学部が営むのは外部の要請に応える他律的な知であり、下級学部が営むのは外部から独立した自律的な知である。

カントの議論の要目は、この二つの教育セクター相互の関係の把握である。彼は、上級諸学部は「下級学部との釣り合わない縁組などかかわり合わないで、下級学部を敬遠して身のまわりに寄せつけず、下級学部の行う自由な理性的詮索によって自分たちの規約の威信に傷がつかないようにする」のが良いと、両者の峻別を主張する。他方、「自律によって判断する能力、すなわち自由に（思考一般の原理に従って）判断する能力は、理性と呼ばれる」と述べた。この理性の自由故に、下級学部としての哲学部は大学にとって必須である。なぜなら理性の自由こそが大学の自律性の根本だからであり、それ故に哲学部は、自由であることしか望まないという謙虚さから、上位の三学部に有用なものとなり、それらを統御するのである。

つまり、ここにおいてカントは、社会的有用性を旨とする上級学部と、理性の自由を旨とする下級学部は知の成り立ちが原理的に異なるのだと考え、両者を峻別した上で、下級学部と上級学部との絶えざる弁証法的葛藤として大学を捉えたのだ。これは、中世のスコラ学者たちならば絶対にしなかった大学の定義である。なぜならば彼らは、アリストテレスのような理性の哲学とキリスト教神学がどう内的に調和するかを必死に考えていたからだ。理性と信仰を切断した「オッカムの剃刀」は、カントまで来ると理性と有用性の峻別となり、哲学の使命たる理性をいかなる有用性にも従属させないために、あえて大学のなかでは「下位」に位置づけつつ、「上位」のすべてを統御する位置へと弁証法的に反転をさせてみせる。そしてこの上級学部が求める有用性と、下級学部が求める自由な理性との弁証法的な対立こそが、近代の大学の活力の源泉となる。なぜならば、それぞれの学問は、それぞれにとって本質的なものを探究するのだが、哲学にとって重要なのは、本質的なものそのものについてのメタレベルでの探究だからだ。この探究によって、大学は自己批判の契機を構造的に内面化することになり、それが大学を、アカデミーや専門学校とは決定的に異なる存在にさせていくのである。

カントの大学論に関しては、近年ではジャック・デリダが、カントの「哲学」を「人文学」に読み換えて議論を引き継いでいる。デリダもまた、大学は「学問的自由と呼ばれるもののほかに、問題を提起したり、命題を提示したりするための無条件の自由を、さらに言えば、研究、知、真理についての思考を必要とする〈すべてを公的に言う権利〉を要請」すると言う。大学のなかでこの使命を担うのは、とりわけ人文学である。大学は人文学に、「無条件で前提を欠いたその議論の場を、何かを検討し再考するための正当な空間を」確保しなければならない。それは「現前化の、顕在化の、保護のための本源的で特権的な場をもち、議論のための空間、議論を練り直すための空間」であって、そうした公共的な発話は、「文学やさまざまな言語を通じて、また同じく、論証的な性格をもたない芸術、法＝権利、哲学を通じて、問いかけを通じて」なされていく。このような発話の可能性のために、デリダは大学に「条件なき」という形容詞を付すのだが、それは「あらゆる類いの経済的な合目的性や利害関心に奉仕するすべての研究機関から大学を厳密な意味で区別しておくため」にほかならない（『条件なき大学』）。

問題はしかし、哲学であれ、人文学であれ、リベラルアーツであれ、「自由の理性」の場を大学の学部として制度的に確保した場合、果たしてそのような確保が、「自由」の維持の自己目的化、つまり新しい大学で「理性」の自律性の組織的維持が自己目的化され、これを担う学部はその目的に奉仕する他律的な存在と化していかないのか、という点である。一八世紀末、カントはいまだそのような「自由」が確保されていない時代、「哲学の自由」を生まれ変わる大学の最大の課題として構想した。しかし、一度そのような「自由な理性」のための学部の独立性が確立されてしまったなら、今度はその「自由」それ自体が、体制の保存のための他律的な原理として作用し始めない保証はどこにあったのだろうか。大学教授たちを、カントはなぜ、それほどまでに真摯に理性的な存在として想像することができたのだろうか。

「理性」の大学から「文化」の大学へ

カントのこの理念が、単に論理上の帰結という以上に現実的な背景をもっていたとするならば、それは一八世紀末のドイツの歴史的状況に求められる。カントが大学論を書いた一七九八年は、ナポレオンの侵攻により神聖ローマ帝国が最終的に解体される直前である。すでにフランス革命に端を発する大激動が始まっており、一連のナポレオン戦争により、安定的な啓蒙の時代からナショナリズムの時代へと大きく振り子が揺れていた。絶対主義王権としては後発だったドイツに中世から根づいてきた大学を擁護し、それを「理性」の場として再構築することは、この激動の時代においてこそ必要だった。しかし、たとえ大学の「理性」がどれほど称揚されたとしても、激流となって勃興しつつあったナショナリズムと深く結びつくのでなかったら、このカント的理念は近代の大学の根源的な構成原理にまで転化されてはいかない。そしてその具体化の任務を背負ったのが、いうまでもなくフンボルトだったのだが、彼の政策的実践は、同時代のフィヒテの哲学とも、シラーの美学とも深く結びついていた。

ビル・レディングズは、このドイツでの大学の近代的再生を、カントの「理性の大学」からフンボルトらの「文化の大学」への展開として描いている。一八世紀末から一九世紀初頭にかけてのドイツ観念論者たちは、有用性と理性の対立というカント的構想の先に、近代の大学のみならず、ドイツ国民と国家の間のあるべき関係までを思い描いていった。カントにおける特殊的有用性に対抗する普遍的理性の概念が、シェリング、シラー、シュライエルマッハーらにおいては、民族国家の国民理性の概念へと歴史化＝国民化される。そしてここで登場した決定的な観念が、「文化＝教養」である。たとえばシラーは、「理性」が自律的で、様々に決定づけられた世界を省察する自由な意識であると認める点でカントを追認しながらも、それが「自然」と二律背反的に、最初から純化された次元に存在するとは考えなかった。むしろ、理性は歴史的、発達的なプロセスのなかにあり、美的教育の実践として「文化」を用いることによって実現されるとされた。芸術は、「自然」から偶然性を取り除き、無秩序と純粋理性の間に媒介的なプロセスを挿入することによって、この「文化＝教養」の支柱となるのである。

この場合、「文化」とは、二重に分節化された領域である。一方で、文化は自然から理性に向かう歴史的プロセスの別名であり、これは主に研究的な学知の対象である。他方、文化は発達のプロセス、人格の陶冶としても理解される。近代の大学では、この二つ、すなわち研究対象としての「文化／自然」と教育対象としての「教養／人格」が統合されねばならず、まさにここに標榜される「研究」（自然や社会の探究）と「教育」（人格の陶冶）の一致こそ、ドイツ観念論者（＝文化主義者）の大学概念の根本をなしていくのである（『廃墟のなかの大学』）。

ここにはある特殊に歴史的な志向性、すなわち国民国家の発展と人格的理性の発達を重ねあわせようとする志向が浮上している。近代の産業社会は、統一された「文化」を断片化した「文明」に変え、個人の理解力の限界を超えて断片的な知識で世界を飽和させつつある。だが個人は、それでもなお知の本質的な統一性を理解しようとする意志をもち、その有機的全体性に参加しようとする。そうした全体性に向けて個人を陶冶する超越的な審級は、いまや教会ではなく理性的国家である。国家の下での中間機関としての大学は、カントの下級学部が上級学部に対してそうであったように、国家に奉仕しながらも完全にはこれと同一化しない。なぜならば大学の教育的本分は、国民＝主体に適切な思考の規則を学ばせることであって、際限なく知識を詰め込んだり、国家へのイデオロギー的な忠誠を誓わせたりすることではないからだ。学問的な思考の規則を獲得することにより、個人は理性的国家の単なる使用人ではなく、むしろその自律的な主体となる。これこそ、ドイツ観念論者はもとより、やがて日本で帝国大学の創出を担う森有礼までの国民主義者たちを捉えて離さなかった大学の理念である。

フンボルト型大学の特徴

絶対主義国家形成の遅れから、ドイツでは一八世紀まで地方的な権力の分立状態が残り、中世的な大学文化が新しいアカデミー文化に圧倒されていなかった。そうしたなかで、ハレ、ゲッティンゲン、エアランゲン、イエナ、ヴィッテンベルク、ライプチヒ、ロストック、ハイデルベルクなどの諸大学では、中世的大学を刷新する大学改革の機運も生じていた。このようなドイツ固有の条件が、カント以降の学問理念と結びついたとき、大学の「第二の誕生」は生じたのだ。しかし、ナポレオン戦争からプロイセンの敗北までの危機が生じなかったら、あれほど急速にフィヒテやフンボルトの思想がベルリン大学創立という具体的結果に結びついたかどうかは疑わしい。革命的状況に直面したプロイセンの官僚たちからすれば、もはや一刻の猶予もならなかった。新たな国家は新たな人づくりから始めなければならない。「上から」の急激な自己改革だけが、流血の革命なしに新国家を建設する唯一可能な方法と思われた。

ベルリン大学の創立をめぐり、その構想の三人の先導者の違い、すなわちトップダウン型の哲学教授フィヒテとボトムアップ型の神学教授シュライエルマッハーの対立、その中間でプランを実現に結びつけた実務家フンボルトの手腕については教育史に多くの研究がある。フィヒテが論客としては圧倒的に著名でも、その短気で頑固な性格から、実際に組織を差配していく能力においてはフンボルトに遠く及ばなかったことも想像に難くない。概していうなら、フンボルトは、フィヒテには敬意を表しつつも、実質的にはシュライエルマッハーの路線に沿ってベルリン大学を組織したようである。結果的に、同大学には、「自由の理性」という観念にとどまらない、実質的な「自由のコミュニケーション空間」が多様に確保されていった。

このフンボルト型大学の最大の特徴は、それまでの教育中心の大学の核心部に、ゼミナールや実験室といった研究志向の仕組みを導入したことである。とりわけフンボルトが構想した大学改革は、教師だけでなく学生にも研究をさせること、そのために大学のカリキュラム体系を再編成することを狙っていた。彼は、知識がすでに定まった不動のものであるという考えを否定し、知識は教師と学生の対話のなかで絶えず新たに生成されていくものだと考えた。古い知識は新しい知識を構築していくプロセスで問い返され、認識の枠組全体が変化していく。したがって、「大学が伝えるべきことは、いかにして新たな知識を発見するか、いかにして知識を進歩させるか、そのための技法」(潮木守一『フンボルト理念の終焉?』)でなければならない。教育の焦点を、すでに知っていることを教えるのではなく、いかに知るかを教えることに転換すること、つまり「内容」としての知から「方法」としての知に転換すること——それには、従来の講義中心からゼミナールや実験室中心へとカリキュラムの再編成が必要となる。

とはいえ、一九世紀のベルリン大学でも、こうした高度な学習課程にすべての学生が参加できたわけではなかった。潮木守一が一八一二年に創設されたベルリン大学古典学ゼミナールを例に示すところによれば、ゼミナールの学生になるには特別の選抜試験があり、それに合格しなければゼミ生になることができなかった。したがって、フンボルト型大学の実態は、選ばれた少数者を対象とする集中ゼミと、一般学生向けの、指定されたカリキュラムも学習成果のチェックシステムもない放任主義教育の二重構造からなっていたことになる。前者の選ばれた学生たちには一定の奨学金制度が適用され、経済的支援が与えられるとともに、ゼミナールは文献講読の演習と学生による論文報告会の二種類から構成され、これらはすべてラテン語で行われていた。学生たちは、だいたい八週間に一回の割合で自分の研究についての報告をラテン語でしなければならなかった。この論文報告会が文献講読演習と組み合わされ、さらにその外側に一般の学生たちも聴講する大教室での講義があったということだろう。

こうしてみると、講義と演習、論文指導という、今日の大学教育の基本構造が、一九世紀ドイツの大学で形づくられていったことがわかる。しかも、理系で一般的な「現場密着型の実験室教育」も、すでにこの同じ時期に形づくられていた。一八二四年、ドイツの地方都市ギーセンの大学に赴任した化学者リービヒは、実験室を開設して組織的な化学教育を開始した。このリービヒの実験室は、一八四〇年代までに著名な存在となり、多くの博士号取得者を誕生させた。これには理由があり、リービヒは講義を通じて学生を教育するのではなく、「彼自身の開発した簡単で精度の高い有機物の元素分析法を、実験室の内で直接伝授しようとした。また学生はそれをマスターすると、教師の手を借りる間もなく、自分で独立して、さまざまな物質を分析し、さまざまな新たな発見を行っていった」(潮木、前掲書)。この方式は、実験室で教授が考えたアイデアを細分化し、そのサブテーマを学生に割り当て、その実験成果を発表していくというものであったため、やがてリービヒは、「実験研究者というよりも、学生達の行った研究のまとめ役となり、宣伝係となった」という。このように、今日の理系の研究室に特徴的な様態も、一九世紀ドイツの大学で形成されていたのである。

3 「大学院」を発明する——英米圏での近代的大学概念

大学の新たな世紀へ

ベルリン大学が誕生して以降、プロイセンは同大学をモデルにブレスラウやボンにも大学を新設し、大学改革の波を広げていく。これを受けて一八一〇年代までに、ドイツ全土で時代遅れの大学を廃し、新しい大学を構想する動きが生じていった。この波は、近代的大学概念を中世的概念から明確に離脱させ、国民国家による人材養成機関として位置づけていく過程であった。そしてこれと並行して、ドイツでは初等中等教育の公的制度も整い始め、大学進学にも公的な入学条件が決められ、多くの領邦国家で高等学校卒業試験が導入されていった。また、そうした公教育の発達によりギムナジウムでの教師の需要が拡大し、哲学部はその種の人材の供給源ともなっていった。こうしてとりわけ世紀半ば過ぎまでに、ドイツの大学の世界的卓越性が広く承認され、世界各国からの留学生がドイツに集まるようになる。さらにフンボルト型大学は、それまでの中世的な大学とも、絶対主義的なアカデミーとも異なり、まさに国民主義的教育研究体制のモデルとして、世界各国の近代化政策が参照するモデルともなっていくのである。一九世紀後半からのドイツの大学モデルの世界的な影響は、まずは英国、北米、北欧や中欧などに広がり、やがては日本をはじめとする非西洋世界にも及んでいった。

たとえば英国では、中世以来、オックスフォード大とケンブリッジ大が特別な地位にあった。しかし、そのような名門校であればこそ、両校が中世的概念から離脱するのは容易ではなかった。実際、両校の変革は非常に遅く、一九世紀半ばになっても、入学者の約三分の一は聖職に就く人々だった。そこで英国の大学改革は、これら両雄の内部変革よりも、その外側に国民的大学を創建することに向けられていく。すでに一八世紀、大学の外側に各種の王立アカデミーが創設されたが、これは反面、この国の大学の古さへの反発の表れでもあった。一九世紀になると、流れはアカデミー創設よりも大学創設に向かう。こうして新たに創設されたのが、ユニヴァーシティ・カレッジ（一八二六年）とキングス・カレッジ（一八二九年）を中核とするロンドン大学であったし、これに続いてダラム大学（一八三二年）、マンチェスター大学（一八五一年）、リーズ大学（一八八四年）、ウェールズ大学（一八九三年）などが創設されていった。

とはいえ、英国でもスコットランドの状況は、イングランドよりもドイツに近かった。もともとオックスブリッジは大学といっても都市から離れ、パリやボローニャのような都市の自由を満喫する雰囲気は少なかった。いささか修道院風であった両大学に比べ、セント・アンドリュース大学（一四一三年）、グラスゴー大学（一四五一年）、アバディーン大学（一四九五年）、エジンバラ大学（一五八二年）といったスコットランドの伝統大学は、その成立の時期も都市との関係もドイツの大学に似ていた。そして大陸の諸大学と同様、一七、一八世紀の危機を経て、一九世紀には変化の時を迎える。オックスブリッジの場合、近代以前からの多大な財産を所有し、国の政策など気にせずに自活できたことが逆に変化を阻害した。スコットランドの大学は、そこまでの資力はなかったので、一九世紀には大学の変化と非国教徒のアカデミーが担った役割とが結合し、この地域における自然科学、医学、工学の発展を後押ししていくこととなった。医学や工学の応用分野での知の発展が重視された点で、スコットランドはドイツや米国との共通点が多く、イングランドとは大いに異なる学問風土を形成してきた。

リベラルな知と「大学の理念」

英国の諸大学では、一九世紀、教育研究の内容面でも見直しが進んだ。ここにおいて、ドイツでのカントやフィヒテ、フンボルトと似た役割を演じていったのが、序章で触れたジョン・ヘンリー・ニューマン、あるいはマシュー・アーノルドやスクルーティニー派のF・R・リーヴィスらであった。レイモンド・ウィリアムズ以降のカルチュラル・スタディーズが、これらの人々の「文化＝教養」の概念を、いかにして批判していったのかについてはすでに拙著で論じたことがある（『カルチュラル・スタディーズ』）。ここで示しておきたいのは、ニューマンの『大学の理念』やアーノルドの『教養と無秩序』、リーヴィスらの大学概念が、いかなる意味でドイツ観念論者による新しい大学概念の英国的な対応物だったのかという点である。

序章で触れたように、ニューマンの『大学の理念』は、今日に至るまで、大学の危機を憂える議論のなかで実に多く論及されてきた古典である。そこで繰り返されてきた議論のポイントは、リベラルな知識はそれ自体が目的であって、何らかの外的な目的のためのものではない、つまり何らかの超越性に従属するのでも、有用性の手段なのでもないという主張であった。私たちはここに、すでに述べたカントによる哲学の擁護、それを受けたフィヒテやシュライエルマッハー、フンボルトの大学理念の反響を読みとることができる。ドイツのフンボルト型大学において「哲学」に与えられた「理性の自由」は、英国では「リベラルな知」という、いささかアリストテレス的な響きをもった概念となって浮上していた。実際、ニューマンは同じ本のなかで、「大学教育」の目的は何か、大学が授けなければならない「リベラルすなわち哲学的な知識」の目的は何かと問い、「リベラル」な知と「哲学的」な知をほぼ同一視している。もう少し厳密に言えば、「「知識」は「理性」に働きかけられ、鼓舞され、あるいは受胎しますと、「学問」とか「哲学」という名前で呼ばれる」のだとも述べる。「リベラル」とは、知の状態を指す形容詞で、そのような状態で知が組織されたのが「哲学」である。それらの知は、「有用性」に従って組織された「機械」の知に対立することになる。ここに、同時代の英国で全盛期を迎えていた産業社会に対する強い批判的な意識が頭をもたげている。

一九世紀初頭のプロイセンの大学改革におけるカントからフンボルトまでの大学論と、やや遅れて一九世紀半ばの英米圏でのニューマンの大学論を対比的に扱うのは、何よりも両者が国家的有用性の論理に拮抗して「哲学」ないしは「リベラルな知」に与えた位置が等価的なものであるとの理由からである。しかしながら、思想そのものの中身に注目するならば、ニューマンはカント的というよりもはるかにアリストテレス的であった。そして何よりも、フンボルト型大学の基本理念であった「研究」と「教育」の一致を、ニューマンは採用していない。ニューマンにいたって好意的なペリカンですら、このニューマンの「研究軽視」には彼の洞察の限界を認めている。『大学の理念』が出た一九世紀半ばには、「研究」と「教育」の一致を掲げたドイツの諸大学は、すでに華々しい成果を上げ始めていたのだから、ニューマンの目線はどこか近代そのものよりも古き良き中世に向いていたのではないかという疑念が残る。

「哲学の国民」から「文学の国民」へ

カントの「哲学」からニューマンらの「リベラルな知」への大学の理念のイングランド的転回において重要なのは、やがてこの「リベラルな知」の中核が、「哲学」ではなくむしろ「文学」へと移行していったことである。英国の経験主義的風土からか、ニューマンは「哲学」の概念を、ドイツの観念論者たちとはかなり異なるものとして受けとめていた気味がある。カントにおいては、具体性を脱した純粋に観念的な論理の問題だったことが、ニューマンにおいては生活上の実践、個人の資質にかかわる問題として「哲学」が語られる。だからニューマンは、「リベラルな教育」が育てるのは、資本家でも労働者でも国家官僚でもないばかりかキリスト教徒でもなく、「紳士」なのだという。露骨なジェンダー的偏見はともかく、ここで言われる「紳士」は、「教養ある知性、洗練された趣味、率直で公正かつ冷静なる精神、人生に処して高潔かつ礼儀正しい態度」によって特徴づけられる人物である。すると、そのような「紳士」の知性の涵養には、「哲学」よりも「文学」の方が適しているのではないか――。

残念ながら、本書で近年の文化研究やポストコロニアル批評が探究してきた「文学」概念の構築に関する膨大な批判的歴史研究に触れていく余裕はない。全般的に言えるのは、一九世紀を通じ、英国をはじめとするヨーロッパの諸大学で、法学部や医学部、神学部と並ぶもう一つの学部に付される名称は、学芸学部（Faculty of Arts）から哲学部（Faculty of Philosophy）へ、そして文学部（Faculty of Letters）と理学部（Faculty of Science）に変化していったように見えることである（ちなみに「文学」ではなく「人文学（Humanities）」が、大学の学部名に頻繁に用いられるようになるのは、むしろ二〇世紀に入ってからである）。この一九世紀後半の変化が示唆しているのは、統一的な「哲学」ではなく、むしろ「文学」と「理学」、つまり今日、私たちが「文系」「理系」という区分にこだわり続けるときの原型をなす二つの学が、国民的な知性として正典化されていく動きがこの時代に進んだことである。「文学」も「理学」も、知識に対する理性の正しい働き（＝哲学）を実践するには最善の学問分野というわけである。

英米圏の場合、文学の正典化は、ニューマンからアーノルドへ連なる思想によって促されていった。この時代の英国で、「文化」概念が組織されていく上で決定的な役割を果たしたアーノルドの『教養と無秩序』（一八六七年）は、労働者の文化的「無秩序」を調教し直していこうというイデオロギー的欲望に満ちていた。彼は、技術革新と大量生産の論理が支配する米国を、陶冶された「教養＝文化」とは対極に位置し、人間性の調和的完成に対しては破壊的な作用を持つ伝統を欠いた物質主義の土壌として批判した。このようなアーノルドの教養主義は、「俗悪性に対するおきまりの反発」(ウィリアムズ)に基づくものだが、英国の思想的系譜の上では、カーライルやラスキン、コールリッジに連なるものであった。アーノルドは、「教養＝文化」によって、労働者たちを産業革命の悪しき影響で「無秩序」となった状態から救出し、教養ある主体に訓育し、国民的文化的統合のプロセスに組み込んでいこうとしたのである。

ここにおいて「文学」、とりわけシェイクスピアの文学が、特権的な価値を帯びてくる。「シェイクスピアは、国民国家がその起源を見出す実例として、つまり、民族的本質と理性的国家を統一するものとして、すなわち、民族の本質が国民文化として自然発生的に自らを表現する一つの支点として」、近代英国の国民的な教養文化の舞台に再登場させられるのである(レディングズ、前掲書)。こうしてハムレットの劇中劇ならぬ劇場外の学問劇が、一九世紀の知識人たちによって演じられていくことになる。その際、シェイクスピアの「演劇＝文学」は、ちょうど神聖ローマ帝国の後裔たるドイツにとってギリシア哲学がそうであったのと同様、国民文化の自然発生的な起源を保証するものとなる。ギリシア語もラテン語もほとんど知らないまま「天才」によって不朽の文学を創り上げたシェイクスピアは、そうした役をあてがうのにぴったりだった。いまやグローブ座の円形舞台は、まるで古代ギリシアのアゴラと同じような象徴性を帯び、一七世紀からのイングランドの市民による国民国家形成を正当化する。

レディングズによれば、この英国における「文学」の正典化とシェイクスピアの聖人化を完成させたのは、スクルーティニー派の中心にいたF・R・リーヴィスである。彼にとって、シェイクスピアと彼の「文学」は、イングランドの文化的伝統が立ち返るべき原点だった。リーヴィスは、シェイクスピア以降、一七世紀に生じたのは文学とコミュニケーション言語の分裂であると考えた。文化は有機的統一を失い、文明の機械的発展のなかで言語はひき裂かれた。支配的となった機械文明と大衆文化に対し、少数派たる知識人は、抵抗の言語をいかに獲得できるのか。そのためには、分裂以前の文学、シェイクスピアの時代まで立ち返り、一度は死んだ詩の言語に批評の力で再び命を与え、産業社会の広告的言語に対抗させなければならない。英文学研究は、現代の支配的な潮流に対する数少ない抵抗の拠点たる大学で、シェイクスピアという原点に絶えず立ち返ることで、産業文明に抗する英雄的実践を担うのである。

リーヴィスらは、雑誌『スクルーティニー』を通じ、美的知性のある者こそが国民を形づくるのだとし、そうした能力の基盤をなし崩しにする産業文化の影響を批判した。ダンカン・ウエブスターは、リーヴィスらの議論では生活全般の大衆化＝アメリカ化が標的とされており、これに抗するため、「田園の有機的なコミュニティ」の理想が持ち出されたという。「イングランドという大きな樹木をめぐるバークの沈思黙考からリーヴィスの「車大工の店」まで、いつもながらの共同社会論者のイメージはいまなお死に絶えることはない。下品で不遜な物質主義に包囲された緑なす村落は常に存在するのだ。だからこそ、大切な土地の生命は手遅れになる前に守ってやらなくてはならない」というわけである（『アメリカを見ろ！』）。

新大陸のカレッジとユニヴァーシティのあいだ

一九世紀半ばまでに、ヨーロッパの知識人たちに「アメリカ」は、単なる新興の独立国という以上の存在として、むしろ伝統的な西洋文化の限界を超えて機械化を進めることで、まったく新しいタイプの繁栄を生み出しつつある新文明として意識され始めていた。アレクシス・ド・トクヴィルが『アメリカのデモクラシー』を出版し始めるのは一八三〇年代のことである。しかしながら、アメリカの大学はこのような「革新」には含まれず、一九世紀末まで、ドイツの大学改革以前の状態、それも多くは上質のハイスクールといった状態にとどまっていた。実際、一九世紀のアメリカでは、「カレッジ」とは富裕な家庭の子弟を一人前の「紳士」に仕立て上げる寄宿舎学校と思われていた。ハーバードやイェールのような名門ですらこの範疇を出るものではなく、そのために多くのカレッジは人口密度が低い田舎町に建設された。学生は全寮制の寄宿舎に入り、同じ礼拝堂で祈り、定番のカリキュラムの授業にただ出席していた。

だから大学教師は、ある分野の専門家というよりも学生生活を監視する監督官であり、彼らの全生活は寄宿舎の壁の内側に閉じ込められていた。多くの場合、そこで行われる授業は学生の知的想像力を刺激するものではなく、同じ「定食メニュー」の退屈な繰り返しであった。

「復唱中心の当時の授業では、テキストをどれだけ正しく読み、翻訳できるかが問題で、そこに書かれていることの内容上の吟味・検討は、まさに授業の範囲をこえたことであり、授業以外の場で処理されるべき性格のことであった」(潮木守一『アメリカの大学』)。当然、多感な学生たちは教師による管理や強制に猛烈に反発し、暴力や叛乱に及ぶこともあった。

このような伝統的なアメリカの大学の姿は、数世紀にわたり保守化と形骸化を重ねて闊達さを失ったヨーロッパの大学、とりわけオックスブリッジのモデルに従ったものであった。形ばかりを踏襲し、伝統という権威に寄りかかる「学問的権威」の牢獄が、旧世界から新世界に輸出されて繁茂していたのだ。当然、一九世紀のアメリカでは、徐々にこうした旧式のモデルからの脱却が図られていく。その最初の動きは、独立の父トマス・ジェファーソンによって起こされた。ドイツの大学改革の成功を強く意識し、これをアメリカの高等教育に導入しなくてはならないと確信した晩年のジェファーソンは、そのエネルギーの多くを新しいタイプの大学の設立に費やしたという。一八二五年、彼が設立したバージニア大学の学生数はわずか一二三人であったが、それでも古典語、近代語、数学、自然哲学、自然史、解剖・医学、道徳哲学、法律の八つの学科から構成され、学生はこれらから自分が所属する学科を選べた。それぞれの専門学科は独立したカリキュラムを有し、学生はそのカリキュラムを履修する仕組みになっていた。ジェファーソンは、将来は商業、工業、外交等のより実践的な学科を設立しようとも考えていた。定食メニューを押しつけるのが一般的であった大学のなかで、学科別のカリキュラムを自由に選択させるジェファーソンの新型大学はきわめて斬新なものであった。

同じ頃、すでに東北部の名門カレッジであったハーバードでも、ドイツ留学から帰国した若手教授たちによる制度改革の機運が盛り上がっていた。フンボルト・インパクトは、確実に新大陸の大学制度に影響を及ぼし始めていたのだ。なかでも一八一九年、ゲッティンゲン大学に留学していた仲間の若者たちと共に、二八歳の若さでハーバードの教授になって帰国したジョージ・ティクナーらによる改革の試みは、ドイツモデルを米国大学にダイレクトに移植しようとした試みであった。ドイツの大学では何が起きているかを知っていた留学組は、帰国して早々に、米国のカレッジ教育は根本的に変わらねばならないと確信したのである。

ティクナーは、伝統的な復唱方式の教育法を軽蔑し、ドイツの大学と同様の講義形式で授業を始めた。彼は、学生の出席確認も、授業中に試験を課すこともしなかった。さらに一八二三年、学生の叛乱によってハーバードの学内が混乱すると、この機に乗じて改革派は、能力別学級編成を導入し、カレッジをいくつかの学科へと分割し、選択科目制の導入、学位を目指さない者への授業の開放などを骨子とする大学改革案を提案していく。紆余曲折を経て二年後にハーバード大学は、ティクナーらの提案をとりいれた新しい大学学則を制定し、カレッジに一元的に教授たちが所属する形態から学科ごとに分かれる形態に移行していった。他にも、能力別の学級編成や上級学年への部分的な選択科目制が導入され、さらに翌年には、ギリシア語、ラテン語科目の半分までが近代語によって代替できるカリキュラムが整えられた。

ところがこうした急激な改革は、最終的に成功することにはならなかった。試験も出欠管理もない授業は、学生からすればなまけることのできる絶好の機会だった。彼らは講義内容を理解しなくても、黙って教授の話を聞いていればよかったし、導入された選択科目制は、最も単位の取りやすい科目に乗り換えて、最小のエネルギーで卒業する者たちを生んだ。さらに伝統的な教授法を変えたくない教授たちは、新しい大学学則が実施される段階になると改革にサボタージュで抵抗した。身分の安定した教授陣が今まで慣れ親しんだやり方を変えたがらないのは昔も今も同じで、もっともらしい理屈はどうとでもつけられた。改革案の影響が理解され始めると、反改革派は急速な広がりを見せるようになり、結局、板挟みとなった学長は、決着を各学科に委ねる決定を下した。当然、学則通りの改革が実施されたのはティクナーが主導権を握る学科のみとなり、大学全体を巻き込んでの改革の試みは挫折した。

「大学院」というコロンブスの卵

ジェファーソンの改革も、ティクナーの改革も、順調には進まなかった。バージニア大学の場合、それまでの学位とは異なるシステムを導入しようとしたことも裏目に出て、新しいモデルは他大学にまで広まらない。ハーバード大学では、ティクナーのやり方は昔からの教授陣に不評で、彼らの抵抗の前に改革は頓挫した。結局、一九世紀半ばを過ぎても、米国の大学はドイツの大学にはるか及ばない状態が続いた。一八八〇年頃、米国国内には三六四校ものカレッジやユニヴァーシティがあったとされ、数だけではヨーロッパ諸国を凌駕していた。しかし、その一つ一つをみると多くは学生数百人にも満たない寄宿舎学校で、学生数が五〇〇人を超えていたのは、ハーバード、イェール、コロンビアの三校にすぎなかった。大学生も、教師も、当時はまだ米国の大学は二流で、ドイツや英国の一流大学には遠く及ばないことをよく知っていた。そこでカレッジ卒業生たちは、向学心があればドイツの大学に留学した。

なぜ、学生たちの留学先はかつての宗主国の英国ではなくドイツだったのか。潮木守一によれば、まず、英国の伝統大学では、一八七〇年代初頭までイギリス国教徒でないと学位につながるコースには入学できなかった。当然、プロテスタントが圧倒的に多い米国の学生たちからすれば、英国留学は選択肢の外であった。他方、ドイツの大学は、留学生が米国のどこかのカレッジを卒業していれば入学を認めてくれたから入りやすかった。しかも、ドイツの大学では学位が一般化しており、ゼミナールに参加し、試験を受け、優れた論文を提出すれば、博士学位がもらえる可能性があった(潮木、前掲書)。当時、米国の大学で博士学位を出すのは稀で、米国国内で初めてイェール大が博士学位を出したのが一八六一年、ハーバード大の最初の博士学位は七三年、コロンビア大は七五年、ジョンズ・ホプキンス大は七八年である。

一九世紀の後半になってもドイツの大学に比べるべくもなかった米国の主要大学だが、その半世紀後には経済力を背景にドイツの諸大学と並ぶ水準となる。そしてやがて、あれほど世界の知の中心であったドイツは、その座をすっかり米国に明け渡すのである。つまり、一九世紀末から二〇世紀半ばまでの数十年間で、高等教育の中心はドイツからアメリカに移動したのだ。

この変化を大学制度の側からみるならば、米国の大学に決定的革新が起きたのは、一八七六年、イェール大学出身のダニエル・ギルマンが、新設のジョンズ・ホプキンス大学の学長に就任し、より高度な研究型教育を旨とする「大学院＝グラデュエートスクール」を、新しい大学モデルの中核としてカレッジの上に置いた時からであった。これはいわば、それまでハイスクール的なカレッジ状態からなかなか抜け出せずにいた米国の大学が、ドイツ型の大学モデルに「大学院」という新規のラベルを貼って「上げ底」する戦略だったともいえるのだが、「大学」と「大学院」を分けてしまえば、旧来のカレッジ方式にこだわる教授陣を安心させ、しかも真に超一流の教授たちを大学院担当に据えていけば、米国全土から向学心に富んだ秀才の大学卒業生を集めることが期待できたから、まさに一石二鳥のアイデアであった。

ボルティモア・オハイオ鉄道から受け取った莫大な資金を基盤に創設されたジョンズ・ホプキンス大学は、その卓越した大学院制度によって、一気に米国全土の大学に対してリーディング・ユニヴァーシティとなった。それは疑いようもなく「他の大学と異なっており、以前にアメリカにおいて期待されたことはあったが未だ達成されたことのなかった言葉を使い、精神を吹き込んだ」と、『アメリカ大学史』の著者フレデリック・ルドルフは書く。それまでのカレッジでは、大学教授は何よりもまず「教師」であることが要求されたが、ジョンズ・ホプキンス大学は、教授に何よりも第一線の「研究者」たることを要求した。大学院の教育は、「紳士」を育てることにではなく、最先端の「研究者」を育てることに向けられるべきである。この革新のなかで、大学教授職の地位向上に必要な条件、すなわち十分な研究環境と給与が整えられていった。一九〇二年、ハーバードの学長職を長く務め、同大学に選択制を導入して今日のハーバードの基礎を築いたチャールズ・エリオットは、米国の大学教育は、「ジョンズ・ホプキンスの例が圧力となり、われわれの教授陣が大学院生のためにわれわれの大学を発展させるように尽力するまでは盛んにならなかった」と述べている。

要するに、一九世紀初頭のドイツの大学でフンボルト・インパクトとして生じたことは、米国の場合、一九世紀末にジョンズ・ホプキンス大学による大学院インパクトとして生じたのである。同大学の大学院改革の成功を受け、大学院制度とその学位授与のシステムは米国全土に広がっていった。たしかにすでに、学位というだけなら、イェール大学が第一号を一八六一年に出しており、一八七六年以前に全米で四四の博士学位が授与されていたが、これらの学位は質においてまったく均一ではなく、「カレッジのカタログを飾り立てるために大学の教授会メンバーに与えられたもの」まであった。しかし七六年以降、ジョンズ・ホプキンス大学は全米の学位の「製造工場」となり、学位システムの質保証の条件が整っていく。その成果は一九二六年、同大学院の卒業生一四〇〇人のうち、一〇〇〇人が米国各地の大学の教授となっていたという圧倒的な数字にも表れている。この地位は、やがてハーバード大学にとって代わられていくが、これらのジョンズ・ホプキンス出身者たちは、ちょうど一九世紀を通じてドイツの大学がフンボルト化していったのと似た意味で、全米各地の大学を「ジョンズ・ホプキンス化」する推進者となっていったと思われる。ちなみに八六年、同大学から政治学の博士学位を授与された一人が、後の第二八代大統領ウッドロー・ウィルソンである。「大学院」は、世紀末から二〇世紀初頭にかけて、アメリカの知的文化の枢要な一部をなすものとなっていった。

第Ⅲ章　学知を移植する帝国

東京帝国大学での内科臨床講義(1911 年頃.
『東京大学百年史・通史 1』より)

1　西洋を翻訳する大学

一九世紀非西洋世界の大学

ドイツでフンボルト型大学が全盛を極め、これを超えようとアメリカでは「大学院」が創設されていた頃、東洋の遥か彼方、極東の地でも、近代化に向けて邁進し始めていた日本に「大学」が誕生しつつあった。しかし同じ一九世紀半ば、新たに大学が誕生しつつあったのは日本だけではない。当時、非欧米地域で日本よりも早くに大学が設立されたのはトルコとインドであった。オスマントルコ帝国治下の一八四六年、イスタンブールに大学が設立されている。当時はDarülfünun(百学の家)と呼ばれたこの大学は、一四世紀にまで遡ることのできるイスラムの教育施設が近代ヨーロッパの大学の影響を受けながら転身したものである。一八六〇年代に物理学など近代諸科学が教えられ始め、七〇年代、同大学には自然科学はもちろん、法律学や文学を教える学科もできている。やがて一九一二年、イスタンブール大学は、医学部、法学部、理学部、文学部、神学部などを整えた文字通りの近代的大学となっている。

他方、インドでは、一八五七年にカルカッタ(コルカタ)とボンベイ(ムンバイ)に宗主国英国の影響を強く受けた大学が設置されている。インド総督カニング卿は、英国政府にロンドン大学を範とした大学をカルカッタに設立する認可を求めた。これに対して英国政府は、カルカッタ単独ではなく、ボンベイにも大学の設置を認可している。一八五七年といえば「セポイの乱」の名で知られる大叛乱が起きた年である。当時、英国で大量生産された綿製品がインドに流れ込み、土着の綿工業に決定的な打撃を与えてインド経済は混乱し、英国への反感は極度に高まっていた。この年の五月、インド北部の都市で「セポイ」、つまりインド人傭兵が叛乱を起こしたのがきっかけとなり、叛乱は瞬く間にデリーに達し、旧王侯や旧地主から農民までが反植民地闘争に蜂起して、七月には国土の三分の二を支配するに至った。しかし、叛乱軍は次第に力を失い、九月には英国軍の総攻撃を受けてデリーは陥落する。この大動乱の鎮圧でムガール帝国は解体され、英国はインド統治を直接統治に移行させるのである。まさしくこの危機のなかで、インド初の英国式大学はスタートしたのだ。こうした背景は、創建された大学が植民地政府からいかなる役割を期待されていたかを容易に想像させる。反英感情がインド全土で渦巻くなかで、植民地統治に必要だったのは優秀で従順な現地人エリートを養成することであった。

日本で帝国大学が創設される以前、ユーラシア大陸の非西欧世界で大学を設置していたのはこの二例である。たしかにロシアはサンクトペテルブルク大学を一七二四年、モスクワ大学を一七五五年に設立していたが、こちらはむしろ西洋世界内の出来事であった。当然ながら中国のことが気になるが、清朝政府が北京大学を創立するのは一八九八年、東京大学の約二〇年後である。その後、中国では一九一一年、義和団事件で中国から米国に支払われた賠償金の一部を使って清華大学と復旦大学が創設される。他方、東南アジアの王国タイでチュラロンコン大学が創立されるのは一九一七年のことである。しかも、前述のイスタンブール大学は旧帝国オスマントルコによるもので、創立後も伝統的学知からの離脱に時間を要しているし、インドの大学は、植民地政府が統治目的で創設したものである。これらに対して日本の帝国大学創設は、国民主義的西洋化、つまり西洋的学知の徹底した移植を自ら目指していた。

幕末の危機と翻訳する志士

明治日本における「大学」の誕生は、このナショナリズムとの強い結びつきにおいて、他のどの国よりもドイツでの大学の近代的再生に近い。ドイツで大学を再生させたのは、英仏のアカデミーに対抗して、国民国家を先導する文化的知を生み出そうとする啓蒙的ナショナリズムであった。近代日本でも、欧米列強に対抗する啓蒙ナショナリズムが、帝国大学を頂点とする学知の営みを支えていく。しかし、そのようなドイツ的「大学」が日本で志向されるようになるのは、早くても一八八〇年代末以降である。それ以前、「大学」は制度としては誕生していたにしても、八〇年代半ばまでの日本は、明瞭な大学概念を持ち合わせていなかった。しかも、ドイツの大学再生が、内発的な知と文化の勃興、カントやフィヒテの哲学、シラーの文学やベートーベンの音楽といった近代学芸の勃興に裏打ちされていたのに対し、日本で大学を誕生させたのは、西洋の先端知を都合よく片っ端から翻訳し、移植する後発型社会の意志であった。日本で大学は、その出発点から西洋の近代知の「翻訳」機関の代名詞だったのである。

ここに至る動きが始まったのは、一九世紀初頭のことであった。この頃、西洋の知に対する徳川社会の認識が大きく変わり始める。当時、ロシアや米国の船が日本列島の周辺に頻繁に出没するようになり、フェートン号事件（一八〇八年）、ゴローニン事件（一八一一年）、モリソン号事件（一八三七年）などが起きて幕府と諸外国の間での緊張が高まっていた。杉田玄白らの『解体新書』が刊行されたのは一七七四年でだいぶ早いが、高橋至時《よしとき》の『ラランデ暦書』の翻訳が一八〇三年、西洋事情の把握を急務と感じた幕府天文方は、一八一〇年代に入ると巨大な百科事典『厚生新編』をはじめ、オランダ語の学術書を次々に翻訳していった。一九世紀前半を通じ、西洋の新知識はすさまじい勢いで日本に入り始めていたのであり、ここから蘭学が各地で急速に勃興していく。日本の大学は、このような蘭学ブームと旧来からの都市の知識人文化が幕末の危機意識のなかで結合したところで多様に用意されていったのである。

こうした意味で、「東大は勝海舟が作った」とする立花隆の指摘は正しい。ペリー来航に際して勝が老中に提出した意見書では、兵を教練する学校を作り、その図書館に和、漢、蘭の兵学書をすべて集め、生徒に天文学、地理学、物理学、土木学、機械学、兵学、銃学などを学ばせることが提案されていた。勝は老中たちに重用され、大久保一翁の下で幕府の洋学の拠点が天文方から洋学所を経て蕃書調所《ばんしょしらべしょ》に変化していく際の組織改革に関与する。彼は、有望な洋学者を選び、蕃書調所に人士を集めて近代大学の基盤を作っていった。改組直後の蕃書調所は、箕作阮甫《みつくりげんぽ》、杉田成卿《せいけい》ら九人の教官のみであったが、やがて人材が集まるようになり、津田真道《まみち》、寺島宗則、加藤弘之、箕作麟祥《りんしょう》、大村益次郎、西周《にしあまね》、杉田玄端《げんたん》といった明治国家の知を担うことになる人々が集っていった（立花隆『天皇と東大』上巻）。

たとえば、津和野藩医の子として生まれ、儒学から蘭学へいわば「蘭転」するために脱藩して江戸に出てきていた西周は、一八五七年、この蕃書調所の教授手伝となったことから津田真道らとともにライデン大学に留学し、帰国後、蕃書調所から改称した開成学校の教授となり、やがて近代日本の学術用語の多くを翻案していく。若手研究者がヨーロッパに留学し、帰国後は大学教授となる基本パターンは、すでに幕末から醸成されていたことになる。

このようにペリー来航とほぼ同時期、一八四〇年代から五〇年代にかけて日本各地で生じていたのは、洋学への熱烈なる学習欲の高まりであった。そうした意味で、この時代の知の営みを代表したのは、蕃書調所や種痘所といったやがて帝国大学につながっていく官製の系譜よりも、大坂や江戸をはじめ各地の都市で蘭学知識人が開いていた洋学塾であった。そうした流れの先駆となったのは緒方洪庵《こうあん》の適塾《てきじゅく》で、これが大坂・瓦町に開かれたのは一八三八年のことである。適塾では橋本左内、福沢諭吉、大村益次郎、佐野常民《つねたみ》などが学んでいた。

　他方、江戸では同じ頃、佐久間象山が神田お玉ヶ池に象山書院を開いていた。ここで象山が教えていたのは儒学であったが、やがて彼の関心は兵学、洋学へと広がり、一八五〇年に木挽町で五月塾を開いた。象山のこの私塾には、吉田松陰や橋本左内から、義兄となる勝海舟までが訪れるが、なかでも五月塾に学んだ中津藩士岡見清熙《きよひろ》は、江戸藩邸内に蘭学塾を設け、適塾で塾頭をしていた福沢諭吉を呼び寄せた。こうして江戸に来た福沢が教えることになった中津藩の蘭学塾が、後の慶應義塾の原点である。岡見は象山から大量の蔵書を引き継いでいたから、福沢はこれも読破したわけで、洪庵の適塾から継承された教育法と象山の手当たり次第に西洋知を吸収していく貪欲さが福沢の私塾＝慶應義塾に融合していくことになった。やがてこの私塾は、余りにも有名な福沢の横浜での経験から使用言語をオランダ語から英語に切り替え、また福沢は度重なる洋行を通して世界最先端の知識を買い集めたので、森有礼が後に設計していく帝国大学とはかなり異なる仕方で近代日本の私学の雄へと成長していくことになる。

　以上の一瞥からだけでも、幕末期の日本で生じたナショナリズムと近代化をめぐる認識地平の転換は、江戸、大坂、長崎などに生まれた多数の洋学塾が結節点となって広がっていった志士のネットワークを基盤にしていたことがわかる。緒方洪庵、佐久間象山、勝海舟、福沢諭吉などがこのドラマの主人公で、その周りに集った一八三〇年代生まれの一〇代、年長でも二〇代であった当時の志士たちの年齢からして、これを近代日本初の学生運動と見たい気にすらさせられる。やや大げさに言うなら、一九世紀半ばの江戸や大坂、長崎などの都市で生じていた現象は、「自由に浮動する」知識人＝志士たちが列島を旅しながら有力な教師について翻訳された知識を必死で学び、その外来の知の普遍性によって旧套打破を図っていこうとする、中世ヨーロッパの大学勃興期にも似た出来事であった。大学は、制度である以前に知識の生成や継承、革新の実践的な場である。そうした観点から見た場合、近代日本で大学は、すでにその制度としての成立以前、一八五〇年代には生まれていたともいえる。そしてたしかに、もしも日本の大学教育のなかで、私学の伝統が国家の後押しを受けてきた官学を凌駕する力強さをもっているのだとするなら、それはこうした幕末の草莽のネットワークと近代知が結ばれていった場が、まさしく日本の私学の根源にある限りにおいてであろう。後述するように、やがてこの伝統の延長線上で、明治の私学は自由民権運動と結びついていくわけで、日本の国立大学と私立大学の違いは、元来は単なる経営上の財源の違いにとどまるものではなかった。

東京大学誕生と儒学・国学の衰退

一八五〇年代は、グローバルに拡大する西洋の圧倒的な力に直面し、危機感を募らせた諸藩の有志が江戸や大坂で有力教師の周囲に集まって私塾文化を勃興させ、兵学や医学、物理学、化学までの西洋知を翻訳・吸収する知識＝政治ネットワークが一挙に浮上していった時期であった。しかし、これに続く六〇年代の維新の動乱を経て明治政府が誕生すると、七〇年代に先端的な西洋知は、危機感でいっぱいの若者たちが才気溢れる土着の教師から学ぶものというよりも、国家に高給で雇用された西洋人教師により直に移植される専門科目となってくる。ちょうどこの転換点に位置するのが、大学南校と東校が東京大学に合体されていく流れである。このプロセスに関しては、寺崎昌男、天野郁夫、中野実などの教育史家により多くの蓄積がなされているので、ここでは先人の肩の上に乗り経緯の概要を述べるにとどめたい。

東京大学誕生に関して何よりも注目しておくべきは、これが大学南校と大学東校だけの合同の結果であったこと、つまり南校と東校の中央に君臨していたはずの大学本校が入っていない点である。大学南校は、すでに触れた勝海舟が組織改革を進めた蕃書調所の後継で、もともとは一六八四年に設置された幕府天文方に起源がある。勝海舟らにより洋学所から蕃書調所への組織改革が進められたのは一八五六年のことだが、やがて六三年には「開成所」、六八年には「開成学校」、六九年には「大学南校」、七二年には「第一番中学校」、七三年には再び「開成学校」と目まぐるしく名称を変更してきた(図7)。他方、大学東校は、一八五八年に天然痘対策としてお玉ヶ池に設置された種痘所が発展したものである。六一年には西洋医学所と名称変更

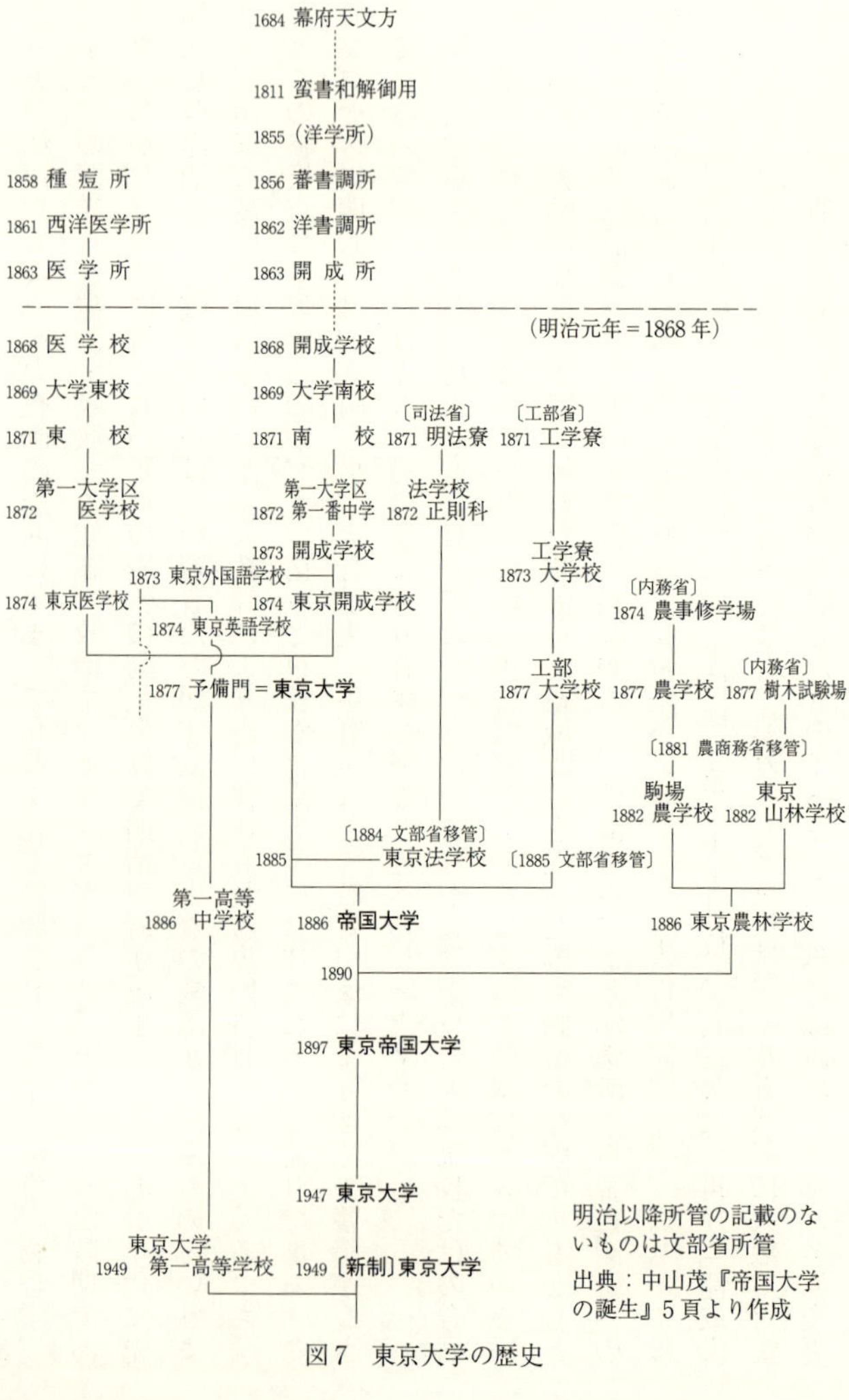

明治以降所管の記載のないものは文部省所管
出典:中山茂『帝国大学の誕生』5頁より作成

図7 東京大学の歴史

し、やがて長崎でオランダ海軍の軍医ポンペの薫陶を受けた松本良順が頭取となってから医学教育の体制が整備され、維新後は大学東校を経て東京大学医学部の源流となっていく。

ところが明治初めに「大学」と名づけられた組織には、南校や東校の他に本校があった。そもそもこの南校、東校という名称は、昌平坂に置かれていた大学本校から見て地理的に南(神田学士会館)か、東(神田岩本町)かによっていた。南校が西洋の理学や人文学、法学を、東校が西洋医学を教えたのに対し、大学本校で教えられたのは儒学であった。これは、本校が幕府の昌平黌《しょうへいこう》(昌平坂学問所)を引き継いだものであったから当然であろう。昌平黌は、林羅山の儒学塾を起源とし、一七九〇年代に幕府の朱子学奨励政策のなかで学問所となった。他方でこの「大学」という名称は、「ユニヴァーシティ」とは異なり、古代律令制で置かれていた「大学寮」に由来していた。これはもともと唐の制度で、律令制のもとでの官僚候補生への教育と試験を実施したという。この制度は古代国家の衰退とともに消えていたが、明治維新は王政復古でもあったから、この古代律令国家の「大学」概念を復活させようとしたのである。

結果的に、大学本校には、幕府の儒学校の後継という側面と古代の律令制度の復活という側面が並存することになった。そしてこの両面性が、明治初年代の大学本校に大混乱をもたらすことになる。というのも、実際にこの本校で教授職にあったのは、多くは幕府以来の儒学教授たちであったが、維新後ここに、京都の皇学所から平田派を中心とする国学教授たちも乗り込んでくることになったからである。そもそも皇学所の成立は、一九世紀初頭に天皇家の威信が復活してくるのに敏感だった光格天皇が、皇室内に教育機関を設けようと大学寮復活を企図したところに端を発する。この構想は子の仁孝天皇により一八四七年、学習院（現在の学習院大学とは異なる）設立となって実現するが、学習院が維新後も儒教と漢学中心の教育方針をとったことに平田派の国学者たちは不満を募らせ、国学と神道を中核とする新学校の設立を要求していった。この国学者たちの動きに、今度は保守派の公家や儒学者が反発し、維新直後から国学派と儒学派は真正面から対立していった。仕方なく岩倉具視がこの紛争の調停に当たり、儒学者中心の漢学所と国学者中心の皇学所を別々に設立させることにした。

維新後、まもなく東京奠都となり、京都の漢学所、皇学所は廃止されて、東京の大学本校に多くの皇学所の教授陣が採用されていく。しかし当然、本校には昌平黌以来の儒学者たちがいたわけで、犬猿の仲の儒学者と国学者は、たちまち今度は東京で大喧嘩を始めてしまう。王政復古の流れで勢いづいていた国学派は、湯島聖堂の「聖堂」、つまり孔子廟を廃絶し、漢籍の素読を廃止し、孟子について学ぶことまで禁止しようとする。さすがにこれには儒学派が猛反発し、旧昌平黌系の儒学者と旧皇学所系の国学者の紛争はエスカレートしていった。幕末の動乱を経てようやく誕生した新生国家のまだまだ足固めをしなければならなかった時である。明治政府には、時代状況そっちのけで自説の正統性に固執して争い続ける国学派や儒学派につき合う暇などなかった。学者たちのイデオロギー紛争に業を煮やした維新政府は、それなら儒学も国学も要らないと、一八七〇年、内紛続きの大学本校を廃止にしてしまったのである。

南校であれ東校であれ、洋学派からすればこれは僥倖であった。学知の西洋化にとって最も厄介な障害になったかもしれない儒学や国学の保守勢力が内紛で自滅していってくれたのだから、ここからは洋学派の天下である。漁夫の利とはこのことで、欧米の先端知を吟味し、その有益なものを一気に取り込んで大学教育の中核に据える条件が整ったことになる。そこで大学当局は、それまで動かし難かった「漢学」「国学」「洋学」という分野の枠組を、「教科」「法科」「理科」「医科」「文科」という五分野編成に組み替えることとした。このうち微妙な位置にあるのが「教科」である。これは西洋の大学でいう神学部に相当し、「神教学」と「修身学」の二科目からなるとされたが、どうにもその中身が曖昧である。倫理学風のものが想定されていたのかもしれないが、哲学は「文科」に含まれていたから、実際に「教科」の中身を考えていくと、どうしてもここには国学や儒学の教科内容を再導入するしかない。しかし、それでもこのとき「漢学」「国学」「洋学」と、それまで学問分野の三分の二を占めていたものが一挙に五分の一以下に減り、高等教育の中核は西洋的な学問編成に一元化されたのである。

学問分野の編成が西洋化したということは、学知全体が徹底した西洋の翻訳学になったということである。それぞれの分野でまず重要なことは、英仏独の三言語の少なくとも一つを完全に習得し、学問上の宗主国の知を正確に輸入できる能力を身につけることであった。こうした傾向は大学南校では顕著で、各藩から選抜・推挙された貢進生は、英語、仏語、独語の三グループに分かれて御雇外国人教師から語学教育を受けるのが主要な科目となった。他方、東校では江戸時代からの蘭方医学の伝統があり、幕末に松本良順がより本格的な医学教育を導入していたから、南校よりも専門教育に近い実践がなされていた。当時の医学の中心はオランダではなくドイツにあったため、東校の教育は維新後、急速にドイツ型に切り替えられていく。しかしそれでも、ドイツから招聘された二人の医学教師レオポルド・ミュラーとテオドール・ホフマンが目の当たりにしたのは、日本人学生の驚くべき専門的水準の低さであった。そこで彼らは、「心臓病の講義を聴いている学生がまだ血液循環すら理解していない」水準の低さに断を下し、約三〇〇人もいた東校の医学生の五九人だけを残し、他を除籍してしまった。

以上のような紆余曲折を経て、一八七七年に東京大学が誕生する。厳密にいえば、大学南校は東京開成学校を経ての、大学東校は東京医学校を経ての統合だったから、南校と東校がそのまま合同したわけではない。いずれにせよ制度的には、七七年に二つの伝統が結ばれて、東京大学の歴史がスタートするのである。ところが実際には、七七年の前と後での変化はきわめて少なかった。これまでも多くの証言が、名称が変化した以外、ほとんど何も変わらなかったと回想してきた。最大の変化といえるのは、南・東両校の統合によって、東京大学は法・理・文の三学部に医学部を加えた四学部制になったことだった。しかし、形式上は四つの「学部」が誕生したとはいえ、大学の長は、医学部「綜理」と法理文三学部をあわせた「綜理」の二人が並立する形をとったから、医学部と法・理・文学部は別の大学のようであったし、法・理・文の各学部の自立性はきわめて弱かった。やがて八一年に若干の制度改正がなされ、四学部それぞれに「長」が置かれるとともに、大学の長は「総理」一人に一本化され、その初代として加藤弘之が選任された。全体として、東京大学誕生は、一八七七年だけで起きたのではなく、大学本校が廃絶された一八七〇年から大学の長として一人の「総理」が、四学部に「長」が生まれる八一年までの約一〇年間、継続的に起きていった動きと考えるべきであろう。

官立専門学校と旧士族の転職戦略

一八七〇年代、東京大学が誕生し、西洋的学知の移植への動きが本格化するが、実はこの動きをリードしたのは、新たに誕生した東京大学でも、慶應義塾などの私塾でもなかった。むしろこの時代、日本の高等教育の中心は官立専門学校にあった。その最たるは一八七一年に工部省工学寮として出発した工部大学校だが、同年設立の司法省明法寮から東京法学校となる系譜や、翌七二年に北海道開拓使により設立された札幌農学校もあった。この他にも、七四年に内務省農事修学場として出発した組織がやがて駒場農学校となっていくし、七四年には市ヶ谷に陸軍士官学校、七六年に築地に海軍兵学校が設立された。これらの専門学校では、新国家の官僚・軍事機構が、自らの中枢を速成するために、集中的なエリート教育を施していた。つまりそれらは、官費制・全寮制をとり、教師は外国人教師を招聘し、外国語で基礎から専門までの一貫したカリキュラムを組み立て、卒業後は奉職義務を課した点で共通していた。

なぜ明治国家建設期、大学や私塾よりも官立専門学校が優位な地位にあったのか。この問いに対しては、すでに中山茂が説得的に答えている。一方で、国家からするならば、一刻も早く近代国家建設の担い手となる技能の持ち主が必要だった。全国測量、電信網敷設、鉄道や橋梁の建設、産業振興、軍備増強等々、迅速な近代化に向けて新政府には課題が山積みだった。その解決には、一定水準以上の技能を身につけた大量の人材が不可欠であったが、長く続いた徳川の世が終わったばかりで、国内人材は限られていた。早急に実を上げるには、これを外注して御雇外国人に頼るのが手っ取り早かったが、これは余りにもコストがかかった。

他方、新しい技能をもつ人材を初等教育から育て上げていくのは時間がかかりすぎた。明治政府は近代化を急いでおり、一〇年も待つことはできなかった。そこで、それぞれの省や軍が「目前の必要に応じて自前で人材を促成栽培する」ことが打ち出された（中山茂『帝国大学の誕生』）。たとえば工部省では、早くも七一年に電信寮に修技黌を設け、生徒六〇人を集めて技術を伝習させた上で現場につかせている。各省や軍は当面の必要に応じて「促成栽培」の仕組みを組み立て、やがてそれが体系化されて官立専門学校が登場したのである。

技能人材を需要する側の論理がこうしたものでも、実際にそのような便利な人材源が大規模に存在しなかったら、この政策は有効に機能しない。ところが明治初期の日本には、人生の新たなキャリアパスを求め、「促成栽培」の機会に必死で飛びつく大量の有能な相対的過剰人口が存在したのだ。それは、幕府と藩の世が終わったことによって失業化した旧士族であった。というのも、武士の時代が終わっても、農工商の庶民には、職業上の激変がすぐに来たわけではなかった。彼らにとっては、ただ支配層が入れ替わっただけで生業に直接の変化はなく、したがって新たに時間をかけて教育を受ける意味もすぐに理解される状況ではなかった。

ところが士族にとって、維新は生活の根幹に関わる激変であった。明治初年代、彼らの父祖伝来の秩禄・特権は奪われていった。ただ手をこまぬいていれば没落は眼に見えていた。何か新しい人生のパスを見つけ出さなくてはならない。しかし、武士の商法には失敗が多かった。それならば、学校に通って技能を身につけ、さらに資格を獲得することである。旧士族たちは「廃藩置県後、いざ藩の傘が外れてみると、ほかに何もたよるものがないから、学問でも身につけて、新時代に対処する以外に生きる道はない」ことに気づいたのだ(中山、前掲書)。しかも、官立専門学校は官費制・全寮制で、困窮化した下級武士の子弟でも勤勉で有能であれば将来が開ける。まさしく失地回復、起死回生の千載一遇のチャンスと受けとめられた。

表1　各学校卒業者の士族・平民比率

(%)

		1890年		1895年		1900年	
		士	平	士	平	士	平
官立	大　学	63.3	36.7	59.0	41.0	51.0	49.0
	大学予備	61.6	38.4	59.3	40.7	47.7	42.3
	専　門	48.3	51.7	42.5	57.5	38.2	61.8
	農・工	54.7	45.3	49.5	50.5	47.6	52.4
	医・薬	35.0	65.0	35.2	64.8	27.3	72.7
公立	医　学	27.6	72.4	13.6	86.4	24.0	76.0
私立	法　学	27.7	72.3	32.9	67.1	34.1	65.9
	文・理	59.8	40.2	44.1	55.9	35.3	64.7
	医　学	26.6	73.4	24.0	76.0	25.1	74.9

出典：天野郁夫『大学の誕生』上巻，333頁

実際、初期の官立専門学校や東京大学の学生には、このような旧士族の貧しい子弟が占める割合が非常に高かった（表1）。彼らはすでに藩校や家庭内の教育を通じ、ピエール・ブルデューが言う比較的高い文化資本を身につけていたし、エートスの面でもプロテスタンティズムに通じる心性を備えていた。天野郁夫が紹介するところによれば、一八七六年の駒場農学校入学者の九四％、八〇年の司法省法学校入学者の八四％、八五年の工部大学校在学者の七二％が旧士族出身者であった。一八九〇年、第一期の帝国大学入学生が卒業する際も、その約三分の二は士族出身者であった。特に理工系の学部では八割以上が旧士族で、人文系や法学系でも三分の二から四分の三を旧士族層が占めていた。当時の全人口に対する旧士族の割合は五％程度であったから、これは極度の集中である。私立学校の場合、旧士族は法学や医学では三割程度、人文学や理学では半数程度であった（天野郁夫『大学の誕生』）。これでも人口比からすれば旧士族層と高等教

育の結びつきは明らかだが、この傾向はとりわけ初期の官立専門学校に顕著だったのである。こうして武士のエートスは、近代日本の初期に高等教育システムと結合し、富国強兵・殖産興業といった政策を下支えしていくのである。

日本の工学はスコットランド産

ところでもう一つ、明治期の官立専門学校の多くに共通する特徴があった。それは、それぞれの分野に応じて明確に学問上の「宗主国」が決まっていた点である。司法省の法律教育がモデルとしたのはフランスで、同省はジョルジュ・ブスケやギュスターヴ・E・ボアソナードの指導下で法学教育を整備し、授業はすべてフランス語であった。ボアソナードはグルノーブル大学、パリ大学ですでに教えた経験があり、来日の時点で四〇代後半、学者として脂の乗った年齢であった。彼は司法省の法学教育から始まって、東京法学校、明治法律学校などでも教鞭をとり、明治日本の刑法、民法の起草に深くかかわった。他方、札幌農学校がモデルとしたのはアメリカであった。マサチューセッツ農科大学で学長職にあったウィリアム・クラークが教頭として赴任し、在校生に強い印象を与えながら「青年よ、大志を抱け」の著名な言葉を残して去っていったが、卒業生の内村鑑三や新渡戸稲造に顕著なように、清教徒的アメリカニズムの影響はその後も続いた。他に、陸軍士官学校のモデルはフランス、海軍兵学校のモデルはイギリス、これに前述したドイツをモデルとした東大医学部の例を加えることもできる。

こうしたなかで、日本の工学教育の原点となる工部大学校がモデルとしたのはドイツでもフランスでもアメリカでもなく、英国、それもスコットランドであった。近代日本の工学教育の草創期に、なぜスコットランドが絶大な影響を及ぼしていたのだろうか——。

一八七一年に工部省に設置された工学寮が工部大学校に発展したのは、東京大学創立と同じ七七年のことである。同校は最初から、「予科」「専門科」「実地科」がいずれも二年の六年制教育課程を採用し、「土木」「機械」「造家」「電信」「化学」「冶金」「採鉱」の七学科からなる総合的な教育体制を整えていた。講義はすべて英語で行われ、七三年に工学寮教頭(都検)として来日していたヘンリー・ダイアーが教育全般を指揮していた。実をいえば、工部大学校の教育体制の基本型を組織したのもダイアーであった。彼は、日本赴任に先だって、日本で工学教育を立ち上げるためのカリキュラム案を作成しており、来日後、これを明治政府に提案した。明治政府はダイアー案をほぼそのまま採用し、七四年、工学寮の基本教程として『工学寮学課並諸規則』を刊行している。このなかにすでに、一般教育、専門教育、実施研修という三層構造が明示されていた。すなわち、学生たちは最初の二年間の一般教育で、英語、地理、数学、物理学、化学、製図などを学ぶ。専門課程に入ると、土木学、機械学、電信学、建築学、応用化学、冶金学、鉱山学の七科の専門科目のどれかを選択する。最後の二年間は、全国各地の工場、造船所、鉱山などに入り、学習してきた理論を実地研修する。このカリキュラムは、専門と教養の構造化、専門教育の分割、理論と実践の組み合わせ、実験室、作業場、博物館などの施設の重視といったいくつかの点で、今日まで通じる先進性を備えていた。

日本の工学教育の原型を形づくったヘンリー・ダイアーは、来日時にはグラスゴー大学を卒業したばかりの二五歳の若者であった。司法省で法学教育の基礎を作ったボアソナードは、すでにフランスの複数の大学での教授歴があったから、来日時にこの極東の小国で法学教育をいかに立ち上げるべきかの知見を備えていた。しかし、工学寮の場合、大学を卒業したばかりの若者に工学教育の未来を委ねたのである。ずいぶん大胆な話だが、結果的にダイアーは、その後の工学発展の基礎を築くことに成功している。日本の工学の発展はここに始まるのだが、問題は、いったいなぜ二五歳の若者にこの偉業が成し遂げられたのかという点にある。

この問いへの答えは、ダイアーの個人的天才にあるのでは決してない。優秀ではあったろうが、ダイアーは、学問的には平均的な学者にすぎなかった。むしろ答えは、当時のイングランドとの関係におけるスコットランド工学の特別な立場にあった。というのも、実をいえば、七〇年代初頭、スコットランドから日本に派遣されていたのはダイアーだけではなかった。ダイアーと同じ七三年、グラスゴー大学からウィリアム・E・エアトンやE・F・モンデー、エジンバラ大学からデヴィッド・H・マーシャルなども来日していた。エアトンは、日本で初めてアーク灯を点灯したことで知られ、モンデーは建築・土木の専門家で、カルカッタ、ダッカなどでも教鞭をとっていた。マーシャルの専門は物理学と数学であった。彼らにやや遅れて、ジョン・ペリー(七六年来日、土木学)、A・W・トムソン(七八年来日、土木学)、T・グレー(七八年来日、電信学)、T・アレクサンダー(七九年来日、土木学)なども、工部大学校で教えるために来日していた。そして、たとえばエアトンは来日時点で二六歳、マーシャルは二五歳、ペリーは二六歳であった。他の者たちの年齢はわからないが、おそらく同様であったろうと想像される。つまり、明治の初めにスコットランドから、かなりの数の二〇代半ばの若者たちが工学教授として来日しているのであり、ダイアーもそうした若者の一人であった。

そして、これらの来日したスコットランド・コネクションの若き教授たちには、ある一つの明白な共通点があった。それは、彼らのいずれもがグラスゴー大学でウィリアム・トムソン教授(以下、ケルヴィン卿)、ないしはウィリアム・ランキン教授の授業や実験に出席した経験があり、彼らの教え子で、多くはケルヴィン卿のアシスタントもしていた点である。

これは偶然ではなかった。維新政府のなかで工学振興をリードしたのは伊藤博文である。伊藤は一八七二年、岩倉遣欧使節団の副使として英国を訪れたとき、横浜に拠点を置いて事業を拡大させていたマセソン会社社長のヒュー・M・マセソンに会い、明治日本の工学教育の新しき指導者の人選を頼んでいた。マセソンはスコットランドの人であったからランキン教授に相談し、ランキンが人選を進めた。ランキンは、一九世紀中葉の熱力学の代表的な科学者で、同僚のケルヴィン卿などと共に熱力学の父の一人とされる。彼は、ダイアーらが日本に旅立つ直前の七二年に没するが、スコットランドからの若き科学者たちの日本への派遣事業は、スコットランド工学界最大の大御所だったケルヴィン卿に引き継がれていくことになる。ちなみにダイアーは、ランキン教授の弟子で、ケルヴィン卿のアシスタントもした経験があった。

このようにして、日本の工学教育誕生の最大の鍵は、ダイアーよりも、むしろダイアーを含む多くの若手科学者をスコットランドから派遣したケルヴィン卿とランキン教授にあったことが見えてくる。とりわけケルヴィン卿は、一九世紀英国が生んだ最大の物理科学者で、世界初の工学者ともいえる人物であった。彼は、わずか一〇歳でグラスゴー大学入学を許可され、その後ケンブリッジ大学でも学んで二二歳でグラスゴー大学教授となった。英国の大学で初めて物理学の研究室を立ち上げたのが彼で、ケンブリッジ大学在籍中からファラデーによる電磁場の考え方を数学的に表現し、やはりスコットランドの物理学者だったジェームズ・マックスウエルが古典電磁気学を生み出すのに重要な示唆を与えたという。ケルヴィンを有名にしたのは熱力学での業績で、絶対温度の概念を導くとともに熱力学第二法則を発見した。さらに彼は、トムソン効果やジュール＝トムソン効果など、次々に熱力学上の重要な発見をしていっただけでなく、後年に地球物理学にも視野を広げ、地球の年齢測定も試みている。工学者としての業績も多く、なかでも大西洋横断電信ケーブル敷設に電気工学者の観点から重要な貢献をした。彼は、グラスゴー大学の教育システムの発展にも貢献し、晩年には同大学総長に選ばれている。とにもかくにも、輝かしい経歴というほかない。そして一八七〇年代、スコットランドから日本に招聘された若き教育者のほとんどは、ケルヴィン卿の生徒であった。ケルヴィンは、何らかの深い意図をもって、数多き弟子の一部を日本に派遣したのだと思われる。

つまり極端にいえば、近代日本の工学の基礎を築くのは、ヘンリー・ダイアーでなくてもよかったのだ。ある程度以上優秀で、遥か東方の新興国まで出かけて工学教育を一から組み立てる熱意を備えた人物ならば、グラスゴー大学の教授陣と緊密な連絡を取りあって、ダイアーと同じように工学の基盤作りに成功したであろう。しかしその工学のモデルとなる移植元は、スコットランドでなければならなかった。ドイツでは工学よりも理学に傾斜したであろうし、フランスだと土木や建築に傾き、工学全般は無理である。イングランドの伝統主義は新時代の技術主義とは相容れないもので、アメリカはまだ本格的な工業国ではなかった。大英帝国の工業力を周縁から支えていたスコットランドの技術力だけが、明治日本が求める工学の未来を担えたのだ。やがてこのスコットランド・コネクションを通じ、鉱山、鉄道、船舶、電信などいずれの分野でも、大英帝国の実学が日本の実学志向を融合していく。

2　帝国大学というシステム

東京大学から帝国大学へ

一八七七年の東京大学誕生後も、約一〇年近く「大学」は日本の高等教育の唯一の解ではなかったし、支配的な体制でもなかった。八〇年代半ばまで、近代化を急ぐ明治国家にとって最も枢要な教育機関は官立専門学校だった。だが、こうした状況は一八八六年、初代文部大臣森有礼がまとめあげた帝国大学令によって一変する。このときから、ある意味では今日まで続く帝国大学を中核とする近代日本の大学システムの骨格が、確固たる国家的意志に導かれながら形成されていくのである。そうした意味で、八六年が、日本の大学の歴史を考えるときの決定的な転換点であることは、これまでの多くの教育史家たちが指摘してきた通りである。

「東京大学」から「帝国大学」への名称変更、つまり新たに組織された大学に「東京」の二文字が付いていなかったことは、この「大学」の文字通りの国家との一体性を示唆している。実際、帝国大学令の「帝国大学ハ国家ノ須要ニ応スル学術技芸ヲ教授シ」というよく知られた始まりは、この一体性を宣言すらしている。国家的な意志の場としての帝国大学は、あらゆる「学術技芸」が国家に向けて統合される場とならねばならなかった。すなわち、この新たな大学の中核をなす東京大学だけでなく、学術的な水準では東京大学を凌駕していたともいわれる工部大学校や東京法学校、やや遅れて東京農林学校といった官立専門学校が次々に統合されていくことで、それ以前の東京大学とは似て非なる「帝国大学」が誕生するのである。

天野郁夫の詳細な検証に従うなら、この統合のプロセスは、一八八四年、司法省法学校の正則科が文部省に移管されたことに始まっている。翌年夏に改称されて東京法学校となるも、すぐに東京大学法学部に合併され、ほぼ同時にそれまで文学部に置かれていた政治学科が法学部に移されて、法学部は法政学部となった。こうして同学部は、それまでのイギリス法やドイツ法中心の法学に、司法省から移されたフランス法、文学部から移された政治学を加え、その後も長く続く「東大法学部」の骨格を形成していく。他方、まったく同時期に理学部のなかの工学系分野が分割されて工芸学部とされ、八五年、内閣制度の発足とともに工部省が逓信省と農商務省に分割されたのを受けて工部大学校は文部省に移管され、やがて帝国大学成立とともに理学部工芸学部を組み込んだ帝国大学工科大学となっていった。さらに、駒場農学校と東京山林学校は合併して東京農林学校となり、一八九〇年に農科大学として帝国大学に加わることになる。これらの組織の根幹にかかわる大再編が、わずか五年ほどの間に一気に行われたのである。その結果、大学東校と南校の洋学派の連合体であった再編前の東京大学は、法文理医の各分科大学に工科大学、農科大学を加えた六分科大学からなる、それこそ「帝国海軍」や「帝国陸軍」を思わせる大軍団ならぬ帝国の大学団となり、私学諸校を圧倒したのである。

東京大学から帝国大学への転換は、工部大学校や東京農林学校、東京法学校の遺産をすべて吸収したことにとどまらなかった。帝国大学になることで、工科大学は九学科、文科大学は七学科、理科大学は七学科と、それぞれ大幅に学科数が増えて総合大学の陣容を整えた。教授数も、全学科数二七の倍近い四二人(助教授は一九人)となり、学生の入学定員も四〇〇人となった。今日の教授・准教授が数千人規模、学生が数万人規模の総合大学からすればはるかに小さいが、あらゆる分野の国家エリート養成の中枢としての基盤が築かれたのである。実際、帝国大学学生には、約三分の一近い一四〇人近くが奨学金を受給できる条件が整えられ、さらに法科大学卒業生は高等文官試験と司法官任用試験、弁護士試験が免除、医科大学卒業生は医師試験が免除、文科・理科両大学卒業生は中等教員試験が免除というように、国家試験免除の特権が与えられていた。官立専門学校が、各政府官庁のエリート養成機関であったとするならば、帝国大学は、まさに国家総体のエリート養成機関として設計されていったのだ。

このような短期間での機構「改革」は、森有礼と伊藤博文の「政治主導」がなければ不可能であった。なぜ伊藤や森は、一八八〇年代半ば、日本の高等教育のあり方の根本的な転換を行ったのだろうか。たしかに当時の政治状況は、自由民権運動が盛り上がり、これを背景に一八八一年の政変で下野した伊藤の政敵大隈重信による東京専門学校設立をはじめ、数々の民間の専門学校設立の動きが広がっており、伊藤らは危機感を募らせていた。この危機感が、帝国大学設立に向かわせる大きな動機となったことは間違いない。しかし、こうした外的要因とは別に、森有礼には帝国大学設立を推し進めようとするより本質的な理由があった。

森有礼と「帝国」の主体

すでに多くの研究が示してきたように、森有礼の教育に対する関心の芽生えは早く、少なくとも彼が代理公使としてワシントンの日本公使館に赴任した一八七一年には、教育こそが日本の将来を決定する最重要の制度であるという考えを固めていたようである。この年、彼はスペンサーやミルの思想を熱心に研究すると同時に、コネチカット州やマサチューセッツ州の学校を見学している。翌年には、アメリカの教育関係者に日本の教育の将来像についての意見を聞くアンケートを行い、その結果を『日本の教育』（一八七三）という英文の著書にまとめている。同年、森は代理公使を自ら辞して帰国の途につくが、この時期までの森の思想形成について周到な研究を行った林竹二は、すでに森が、この頃から文部省に入り、日本の教育の骨格を自らの手で形づくろうとする意欲をもっていたのではないかと推論している。

林によれば、森の教育への執拗な関心は、彼が最初の留学で出会ったスウェーデンボルグ系の宗教家トマス・レーク・ハリスの影響のもとで形づくられた。注目に値するのは、すでにこの時点で、森の脳裏には「維新という政治的な変革を補足するものとして社会的な変革、人間の意識や気質や体格をもふくめて、それを根底からつくりかえる課題」が浮上していた点である。この課題は、「その中で人間が再生をとげる組織であると共に、神において再生した兄弟が、その任務に服しつつ、社会の再生のために働く」ハリスのコミューンでの神と自我の関係を、森なりの仕方で明治日本に埋め込もうとする試みであった（林竹二『森有礼』）。

プロテスタント系コミューンの信仰者としての森と初代文部大臣としての森をつなぐ一本の線を、園田英弘は「制度」への関心と要約している。園田によれば、『明六雑誌』時代までの前期の森の発言を重視して彼を自由主義の思想家と見る議論も、文部大臣となってからの後期の発言を重視して彼を国家主義者と見る議論も、ともに見過ごしてきたのは、森が国家と個人を結びつけるものとして、「制度」の水準を設定していたことである。森は、彼の同時代の誰よりも、このすぐれて近代西欧的な概念である「制度」の社会的作用を熟知していた。園田はこうした認識から、森が規範／制度と社会システムに関する社会学的知見を基礎に、いかなる仕方で「自由主義的」と見える社会関係の水準と「国家主義的」と見える水準を媒介していたのかを明らかにしている。すなわち森は、「疑いもなく「国士」として留学に赴いた。そして、彼はまぎれもない「信仰の人」として故国の地を踏んだ」。その後の森の多くの思想的営為は、この二つの事実の落差を埋めることに向けられている。そして、国家と個人の関係をあくまで

「制度」次元から捉えることが、二つの水準を両立可能にしたのである。

重要なのは、森が国家を明瞭に機能的なシステムとして捉えていた点である。「森は単一の政治イデオロギー、ないしは道徳思想により、全国民の内面を全面的に統制し、国家の秩序を獲得しようとしたのではない。また、彼は政治支配の対象である国民の被統治者としての教化だけを意図していたのでもない。森は疑いもなく、政治の主体であると同時に客体でもあるような、正しい意味での「国民」を形成するために教育は貢献しなければならないと考えていた」と、園田は言う。だから森は、「政治的支配の客体に要求される「従順」だけを主張したのではない。政治的支配の客体が同時に主体でもあるように意図していた」。まさにこの国民と国家の相互性を同時に可能にする装置が、小学校から大学までの教育制度に他ならなかった。

しかも彼は、こうした国家と国民の相互関係の原型を、彼がアメリカで体験した宗教コミューンに求めていた。コミューンで体得された神＝普遍性への自己犠牲の精神は、森にあっては現世化されて国家＝普遍性の水準へと転轍され、神＝天皇のカリスマによって実現される政治共同体たる国民国家への自己犠牲の精神へと置換される。つまり、「森にとって最大の信仰の証しとは、国民国家建設への自己犠牲」であり、「神への献身という最も非世俗的な行為は、政治活動という世俗的生活の端々にあまねく遍在していた」のだ（園田英弘『西洋化の構造』）。

以上のような議論を前提にするならば、森が主張していた「忠君愛国」や「国風ノ教育」の理念は、元田《もとだ》永孚《ながざね》ら保守派の標榜する国家主義とはまったく異なるものであったといえる。森が教育システムを通じて明治日本に導入しようとしたのは、いわば天皇制とプロテスタンティズムの機能的な結合体である。その根底にあるのは、すぐれて近代的な国民＝主体についての把握であり、この国家的に産出される主体性こそが、殖産興業と富国強兵、つまり近代日本における「資本主義の精神」を支えることができるのだった。そのためには、一神教の超越的な神の観念が薄い日本においては、天皇が神に代わる機能的な審級として必要だった。

こうしてやがて、小学校ではどこも天皇の「御真影」が掲げられていくことになるが、大学の場合とて、天皇と無縁なところで学知が営まれるように設計されたわけではない。ちなみに再編後の帝国大学を、明治天皇は頻繁に訪れている。中野実は、八六年七月（昭和初期まで、東京帝国大学は欧米の諸大学と同様、九月入学、七月卒業だった）に挙行された第一回の帝国大学卒業式から皇族が臨席するようになり、九〇年代末以降は卒業式そのものが、総長から卒業生への証書授与よりも、天皇の式場への「臨幸」を中心に構成されるようになっていったことを明らかにしている（『東京大学物語』）。とりわけ一八九九年から一九一八年まで続いた「恩賜の銀時計」の天皇から優等卒業生への授与は、毎年の卒業式への「臨幸」とともに、天皇制と帝国の学知の結びつきを繰り返し確認させていく。やがて一九年以降、この制度は東京帝国大学側の申し出によって廃止になり、昭和になると両者の結びつきはより複雑な様相を帯びていく。天皇行幸と帝国大学のこうした結びつきは、大正末に完成した東大安田講堂の上階中央部に、天皇臨幸のための便殿が設計されていたことからも窺い知ることもできる。

「天皇」の大学としての帝国大学

それにしても、このような天皇のまなざしと国民の知性が遭遇する場所が、なぜ「帝国大学」と名づけられたのか。中山茂が考察したように、東京大学が帝国大学への大転換を遂げた一八八六年の時点では、「帝国」の呼称はまだまったく一般的ではなかった。たしかに明治初年代、岩倉使節団が日本に招聘した学監デヴィッド・モルレーは、社交辞令か日本のことを盛んに「エンパイア」と呼んだが、これは普及しなかった。それでもモルレーが発する「エンパイア」の語は、文部省申報で「帝国」と訳され、これがこの言葉が公式文書に現れる最初となったらしい。しかし、日清・日露戦争以前の多くの日本人にとって、「帝国」という言葉はなじみの薄い言葉であった。周知のように八九年には大日本帝国憲法が発布されるから、九〇年代以降は、「帝国」は「帝国議会」などの言葉とともに徐々に日本人の意識に入りこんでいくともいえる。しかし、帝国議会よりも三年も早くに「帝国大学」は誕生しているのだ。

森や伊藤が新たに組織される大学を、「帝国」大学と呼んだのは、この大学を、国内より以上に国際的な文脈で、Imperial University of Japan として位置づけていたからである。日本語での「帝国」は、まだなじみ薄かったが、海外では英語のEmpireやImperialが一般化していた。森有礼は、帝国大学を「帝国大学」とは呼ばず、「インペリアル・ユニヴァーシティ」と呼ぶのが常だったという。「帝国大学」誕生には、最初から欧米の帝国の学知がモデルとして想定されており、「帝国」は、まだ存在していなくても、西洋化の行きつく先として日本が目指すべき方向と考えられていた。伊藤や森は、大統合によって拡張した東京大学を「帝国大学」と呼ぶことで、たとえ大見得でも、日本にも欧米並みの総合大学が誕生しつつあること、帝国大学令にいう「国家ノ須要ニ応スル学術技芸」が、単なる国家の学術技芸というよりも、欧米列強に並ぶ帝国の学術技芸たるべきことを主張したのである(中山茂、前掲書)。

だが、ここで想像力をさらに働かせるなら、森が帝国大学を「インペリアル・ユニヴァーシティ」と呼ぶときに想起していたのは、西欧列強の総合大学と肩を並べることだけではなかったように思われる。「インペリアル」とは、「皇帝の」を含意する。森にとっての「皇帝」とは、もちろん「天皇」その人であった。つまり、「インペリアル・ユニヴァーシティ」とは、「帝国」の大学であると同時に「皇帝＝天皇」の大学たるべきだった。中世ヨーロッパの大学が「都市」の大学であり、一九世紀以降のフンボルト型大学が「国民」の大学であったとするならば、一九世紀末に日本に誕生した帝国大学は、まず何よりも「天皇」の大学だったのではないか。自由民権派が標榜する「自由」の知に対し、森らが構想したのはあくまで「天皇」のまなざしの下で編成される「帝国」の知、その牙城としての帝国大学だった。前述の「恩賜の銀時計」が示すように、天皇のまなざしによる価値化は、総長による卒業証書や教授による成績評価に優越し、帝大生の勉学への動機づけの最大の契機にすらなっていたのだ。

専門学校群と京都帝国大学の設立

帝国大学は、明治政府が旧東京大学を核に主要な官立専門学校を統合し、欧米諸国の大学に肩を並べる「天皇＝帝国」の大学たらんとして設立された。そして、文部省の直轄学校予算の約四割が投入されたこの大学は、明治中期まで日本で唯一の「大学」として諸学校の上に君臨していく。もちろん森は、日本の高等教育が帝国大学だけで事足りると考えていたわけではない。暗殺による不慮の死がなかったら、彼は着々と帝国大学に連なる大学、専門学校の整備を進めたであろう。天野郁夫によれば、森は「帝国大学令」と並行して、「大学令」「専門学校令」「中学校令」「師範学校令」「小学校令」という五つの学校法規を準備していたのではないかという。このうち大学令では、大学は国立に限り、法医文理の四学部制を原則とすることになっていた。帝国大学以外の国立大学設置も認めるが、その名称には天皇の諱や元号を加えて帝国大学と区別しなければならなかった。他方、専門学校令では、高等専門学校は大学と同レベルだが、それ自体では学位授与権をもたない単科の高等教育機関となった。つまり、帝国大学、他の国立大学、高等専門学校という三層構造が考えられていたことになる。

これら三層のうち、帝大設立と同じ頃から増えていったのは単科の官立専門学校である。教員養成では、一八八六年に東京高等師範学校（現在の筑波大学）が設立され、女子高等師範学校（お茶の水女子大学）も九〇年に設立される。他方、芸術系では、東京音楽学校は八七年、東京美術学校は八九年に設立され、これらは戦後、東京藝術大学に統合される。実業系では、やがて一橋大学となる高等商業学校が八七年にスタートしている。他方、工学技術者養成に特化した東京職工学校が東京工業学校（東京工業大学）に転換したのは一八九〇年である。

他方、この時代には私学の専門学校も増殖していた。医師養成では、後に東京慈恵医院医学校となる成医会講習所が設立されるのは八一年と早いが、後に東京歯科大学となる東京歯科医学院の設立は九〇年、東京薬科大になる私立薬学校の設立は八八年である。法律系の私学専門学校の設立ラッシュはこれよりも早く、専修学校（専修大学）が八〇年、明治法律学校（明治大学）が八一年、英吉利法律学校（中央大学）が八五年、和仏法律学校（法政大学）が八九年、日本法律学校（日本大学）が八九年といったところである。つまり、帝大設立に前後する一八八〇年代、きわめて多数の専門学校が誕生し、国家の後ろ盾で君臨する帝国大学を包囲してもいたのだ。

そして一八九七年、第二の帝国大学として京都帝国大学が誕生する。関西に第二の帝国大学を置く構想は、東京に帝国大学が置かれる前後からすでに浮上していたが、九〇年代半ば、日清戦争後のナショナリズム高揚のなかで、清からの賠償金の一部を帝国大学増設などの高等教育拡充に向けるべきだとの意見(西園寺公望)もあり、すでに京都に設立されていた第三高等学校を拡張しての帝国大学化が実現するのである。京都帝国大学は、(東京)帝国大学の三分の二の規模で、理工科、法科、医科、文科の四つの分科大学を設置することとなった。

潮木守一が『京都帝国大学の挑戦』で詳論したように、東京帝大の対抗馬となることを最初から条件づけられたこの第二帝大は、草創期には実験的なカリキュラムや科目履修方式を次々に導入し、「天皇＝帝国」の大学でしかなかった東京帝大よりもはるかに近代的大学概念に近い「自由」を実現した。具体的には、それまで帝国大学では履修科目が学年別に固定され、各学年末に実施される試験で当該の学年の必修科目すべてに合格しないと次の学年に進級できない仕組みだったのに対し、京都帝大は当初、ドイツの大学などと同様の科目制、すなわち学生は科目ごとに履修登録し、試験を受けて個別にその科目単位を得ていくことで必要単位数が揃えばいつでも卒業試験が受けられる仕組みを採用した。学年で学生を輪切りにして、一斉試験の圧力で勉学に押しやるのではなく、一人ひとりの自主的な科目選択を組織するカリキュラムを構築しようとしていた。さらに法科大学では、より先鋭な実験として、ゼミナールと卒業論文がカリキュラムで正式に制度化され、しかも法律学科と政治学科の縦割りの区分を廃して領域別に流動性のある四つのコースを設定し、在学年数も従来の四年から三年に短縮するという、今日の国立大学ですら必ずしも実現できないでいる大改革をやってのけた。

しかし、京都大学の挑戦は、やはり早すぎる挑戦であった。最大の問題は、導入した新しい教育システムが、必ずしも高等文官試験の成績向上に結びつかなかったこと、それどころか試験成績で京都帝大法科は東京帝大法科に惨敗し、結果的に優秀な入学者を集められなくなってしまったことにあった。優秀な入学者を集めることは、その大学や学部の死活問題で、今日でも、この目的に向けて各大学は多大な労力を払っている。大学が優れた入学者を集められなくなってしまったら、いかに斬新で理想的な教育改革であれ失敗せざるを得ない。設立から約一〇年続いた京都帝大の改革は、ついに志望学生の忌避という現実の前に敗退していくのである。一九〇七年頃には、三年修了制や四コース制、卒業論文などの京都帝大法科を中心に導入された新しい仕組みは次々に廃止となり、眼目の科目制も旧来の年級制に戻り、結局「京大の教育体制は、東大のそれとほとんど同じ」ものになってしまった（潮木、前掲書）。

帝国システムとしての帝国大学

東京帝大とは異なる大学概念の実現を目指した京都帝大の挑戦は、世紀転換期の日本に受け入れられていくこととはならなかった。やがて京都帝大は、東京帝大同様のもう一つの帝国大学として西日本に君臨するようになる。しかし、京都帝大設立のもう一つの影響は、これによって帝都東京以外の地にも帝国大学を設立できる可能性が開かれたために、全国の主要都市で第三、第四の帝国大学を設立しようとする動きが生じていったことだった。京都帝大でまだ教育改革が果敢に試みられていた一九〇〇年前後、政府は東北と九州にも帝国大学を設立する方針を立て、東北帝大の設置場所を仙台として宮城県に創設費三五万円の寄附を求めた。他方、九州帝大に関しては、設置場所を福岡と長崎、熊本のいずれにするかで誘致合戦が生じ、そうこうする間に政府の財政難で計画延期となっている。また北海道では、札幌農学校を北海道帝大に発展させようという動きが生まれた。北海道帝国大学の構想は、農学系だけでは帝大化は困難との判断から、当面は東北帝大の分科大学として出発する方針が選択されていく。

こうして一九〇七年、札幌農学校を母体とする農科大学と、仙台の地に新設された理科大学が離れたまま合体して東北帝大がスタートする。一方の札幌の農科大学は、開拓使以来の歴史があったから、最初から東京帝大農科大学をも凌ぐ伝統校だった。他方、仙台の理科大学は、文相牧野伸顕や古河財閥の後ろ盾を受けて物理学者長岡半太郎らによりゼロから構想されていったもので、すでに東京帝大を代表する物理学者だった長岡は、一時は自らも仙台の新帝大に移ろうと考えたほど、この新理科大学の設立に入れ込んでいた。長岡の思いを受け、草創期の東北帝大には東京帝大理科大学の新進科学者が送り込まれた。長岡自身は東京帝大を離れられなかったが、その四半世紀後に創設された大坂帝大では初代総長に就任している。

他方、一九一一年の九州帝大創設は、医科大学と工科大学を中心としていた。一方の医科大学は、すでに〇三年、京都帝大福岡医科大学として設置されていた分科大学を発展させたもので、この分科大学設置は、帝大拡大を望まない当時の文相菊池大麓とこれを誘致したい九州側の綱引きの結果であった。菊池の後任の牧野文相は帝大増設に積極的だったから、九州側はこれをチャンスと分科大学から帝国大学への改組に動いた。やがて、日露戦争を機に大発展を遂げた石炭産業や官営八幡製鉄所、三菱長崎造船所などの大工業地帯と結びつき、ここでも古河財閥の支援を受けながら、工科大学設置が実現するのである。当時すでに、帝国大学たるものは総合大学であらねばならないとの考え方は広く共有されており、単科の帝国大学はあり得なかった。仙台の理科は、いかに離れていても札幌の農科と結びつく必要があったし、福岡の医科は、最低限、工科を増設する必要があった。こうして新設された九州帝大工科大学は、発展する大工業地帯を背景に、発足直後から三一講座と京都帝大工科大学の二六講座を上回り、東京帝大工科大学の三四講座に迫る学部となっていく。だが、その教授陣の大半は、東北帝大理科大学の場合と同様、東京帝大工科大学を卒業し、欧米に留学して帰って来た若手工学者たちからなっていた。つまり、このようにして日露戦争後、札幌、仙台、福岡に帝国大学が次々に生まれることによって、帝国大学は、東京だけにあるという場所性を脱し、東京の帝大人脈を中核として帝国全体を覆う「システムとしての帝国大学」に発展していったのである。

この「帝国」のシステムは、やがて海外の植民地をも覆っていく。一九二四年にソウルに設立された京城帝大は、一八年に東北帝大から独立した北海道帝大に次ぐ六番目の帝国大学で、法文学部と医学部が設置されていた。教授陣には、赤痢菌の発見者として著名な志賀潔や漱石門下の哲学者の安倍能成《よししげ》、独自の言語学で顕著な業績を残した時枝誠記《ときえだもとき》などが並んでいた。日本本土に新設された帝国大学の多くが理系中心であったのに対し、京城帝大の場合、法文学部も重視されており、同校は東京帝大出身の若手文系研究者の重要な就職先ともなった。無論、植民地的な構造は明白で、教授言語は日本語で統一され、在校生に占める日本人と朝鮮人の割合はおよそ七対三だった。

ソウルに続いて七番目の帝国大学として一九二八年に設立された台北帝大の場合、文政学部と理農学部の二学部体制でスタートしている。ここでも帝大＝総合大学は単科であってはならないという原則が貫かれているのだが、農学部が重視されたのには、札幌農学校から発展した北海道帝大の場合との類似性が認められる。やがて三六年には医学部も開設され、四〇年代に入ると工学部、熱帯医学研究所、南方資源科学研究所、南方人文研究所などの附置研究所が次々に置かれていった。さらにその一〇年後の三八年には、帝国大学ではないが、「満洲国」の首都新京（長春）に、「満洲国立」の建国大学が設立される。台北帝大も建国大学も、日本本土の帝国大学に倣い、東京帝大や京都帝大を卒業した若手研究者を教授として採用している。

帝大系大学以外でも、京城には京城医学専門学校、同法学専門学校、同工業専門学校、同鉱山専門学校、同高等商業学校、水原農林専門学校、京城師範学校、同女子師範学校など多くの官立専門学校が設置された。台湾でも、台北高等商業学校、台南工業専門学校、台中農林専門学校などが設置され、帝国大学とその予科、それに官立専門学校が並立する戦前期の高等教育システムは、京城、台北、新京の三都市を中心に旧帝国の全範域に及んでいた。

「設計」の学と「管理」の学

東京帝国大学を成り立たせていたのは、法科、医科、文科、理科、工科、農科の六つの「分科大学」である。つまり、「帝国大学」という傘の下に、「分科大学」というもう一つの「大学」があったことになる。前述のように、これらの六つの「大学」の多くは、そもそもの由来を異にしていた。医科大学の原点は大学東校であり、文科大学と理科大学が大学南校であり、工科大学は主に工部大学校、農科大学は主に駒場農学校、法科大学は主に司法省法学校と大学南校であった。このようにそれぞれ元来の目的も成り立ちも異なる組織が「天皇」のまなざしの下に統合されていくことにより、「帝国大学」というあたかも一大学をなすに至ったのだ。もともと一つの大学が六つに分かれたわけではなく、そもそも異なる「遺伝子」を継承した諸学校の連合体だったのだから、帝国大学の歴史の大部分は、それぞれの「大学」がそれぞれ異なる学問観や行動パターンによって変化し、大学全体としてはその二次的な調整役に回ることで織り成されてきた歴史である。つまり、大学がそもそも統一的な意志をもって動いてきたというよりも、各部局が固有の伝統と価値観を形成し、その内部で諸々の葛藤があり、そのような遠心力への対応として、大学が二次的に統合力としての意志をもってきたのである。

この帝国大学に顕著な構造は分科大学の歴史を通じて確立されるが、そうしたなかで個々の分科大学の規模や影響力の大小も変化していった。明治初頭、新国家建設期に最も力があったのは工学系で、この歴史は総力戦体制期、あるいは高度成長期以降にも繰り返される。しかし、帝国大学の歴史を通じて工学系が主流であったわけではなく、明治中期から昭和初期までは法学系全盛の時代が続いた。帝国大学の発展は、工学主導から法学主導に大学の基軸が変化していく過程と並行していた。中山茂によれば、工部大学校の予算のピークは一八七五年で、七〇年代末になると政府予算の重点は東京大学に移っていく。当時、技術者を養成する力では、工部大学校が東京大学に勝っていたが、多数の不満の声をねじ伏せるように同校が帝国大学に合流した背景には、工学系単独ではなく、総合大学の一部をなす道を選んだほうが有利との判断が働いたと考えられる。そしてこの時代、法学はまだ未成熟で、法学部出身者の大部分は司法省に入り、行政官庁はまだ理系出身者で占められていた。ところがその後、帝国大学で最も手厚く保護されていったのは、工学よりも法学であった。「開化」の時代から「帝国」の時代への移行は、「設計」の学から「管理」の学への移行と対応していたのである。

すでに帝国大学設立以前から、伊藤博文らの間には、国会開設に向けて法律的知識を備えた官僚を養成し、政府の足元を固めなければならず、また国内統治や条約改正といった外交のためにも法学系の人材養成が肝要との認識があった。学生たちはいつも時代の変化に敏感だから、東京大学予備門に入るエリートの卵たちの人気志望先も、同時期に工学系から法学系へと急速にシフトしている（図8）。こうして帝大設立の頃になると、法科大学こそ帝国大学の中核との認識が確立し、その強化策が実施されていく。すでに述べた司法省法学校の統合もその一つだが、他にも、もともと文学部に属していた政治学や理財学（経済学）は、帝大設立の直前、文学部から法学部へと移された。さらに帝国大学では、法科大学長が帝大総長も兼ね、法科大学には帝大全体の入学者定員四〇〇人の四割弱の一五〇人が割り当てられた。この数は、医科大学、理科大学、文科大学の約二・五倍、工科大学の二倍以上であった。

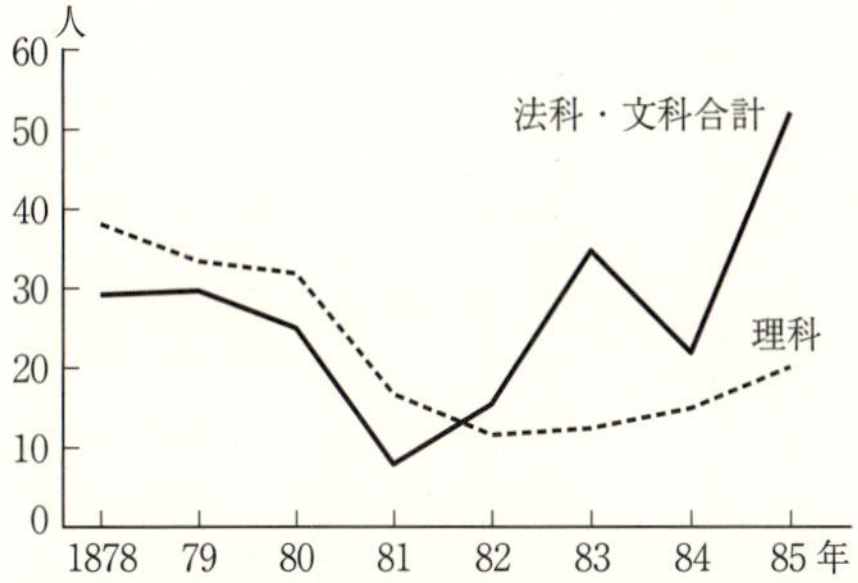

出典：中山茂『帝国大学の誕生』89頁

図8　東京大学予備門（本黌）卒業生志望先の推移

こうして一八九〇年代から一九二〇年代まで、東京の帝国大学を支配したのは工学系ではなく法学系であった。一八九三年まで、帝大卒業生には高等文官試験免除の特権があったが、この年以降は彼らも本試験の受験が課せられる。しかし、その後も帝大法科大学卒業生と高等文官試験合格者の結びつきは強化され、法科大学は帝国の官僚エリートの最大の輩出元となっていった。たしかに私学出身者にも受験の道は開かれていたが、彼らはまず予備試験を受けなければならず、そこで約三分の二が落とされた。本試験も、帝大卒業生の合格率は四割以上、私学卒は一割未満と、歴然とした差があった。この合格率の差の原因は不明だが、少なくとも当事者からすれば、帝大生になることと高級官僚になることは人生のキャリアパスではつながって見えていたのである。しかも、後年になるとこのパスは官界から政界にも及び、帝大出身者で貴衆両院議員になる者の圧倒的多数が法科大学出身者で占められていった。

要するに、明治中期以降の帝国大学では、その中心部(東京帝大)では法科系ゼネラリストへの重心移動が起きており、その周縁部の地方帝大では理工系テクノクラートの養成システムが発達し、植民地の帝大はその両方の要素を併せ持つという重層的な構造が形成されていたのである。もちろんこれは、帝国自身が、中心部からは社会の「管理」を、その周縁部では社会の「開発」を、植民地ではその両方を必要としていた構造に対応するものであった。

3 「大学」と「出版」のあいだ

明六社と私学のすゝめ

一八八六年に森有礼によって設計された帝国大学は、それまで西洋からの知の移植をばらばらに進めてきたエリート養成諸機関が「天皇」のまなざしの下に統合されることで誕生し、やがて東京のみならず京都、仙台、福岡、札幌、ソウル、台北などの帝国日本を覆う広がりをもったシステムに発達していった。天野郁夫が詳論したように、この帝大のシステムには、多数の官立専門学校による専門職養成システム、それから予科ないし旧制高校という教養教育システムが並立しており、これら高等教育の三つのシステムの間には葛藤や緊張、補完と連携の関係が生じていった(天野郁夫、前掲書)。しかし、官立専門学校や予科・旧制高校は、基本的には帝国大学を補完するもので、これと根本的に対立するものではなかった。

これに対し、すでに述べたように、一九世紀半ばに列島各地で勃興するナショナリズムを基盤とした西洋の知に対する貪欲な関心、それを導入しながら新時代の知の基盤を形成していこうという草莽の動きのなかでは、帝国大学のシステムとは位相的に異なる学知のネットワークが形成されてもいた。すなわちそれは、福沢諭吉の慶應義塾や大隈重信の東京専門学校をはじめとする私塾から私学への流れのことである。なかでも福沢は、慶應義塾という実践において、森有礼が帝国大学の設計で示したのとは異なる「西洋知の移植」を志していた。

森有礼と福沢諭吉の関係はしかし、実際にははるかに複雑である。実をいえば、彼ら二人をはじめ明治日本の大学知の世界を形づくる人物の多くは、明治初期にある同じ結社、一八七三年に結成された明六社の同人であった。明六社結成の中心になったのは、同年にアメリカから帰国したばかりの森有礼で、彼の誘いに福沢諭吉、加藤弘之、西周、津田真道、箕作麟祥、中村正直などが応じて参加した。森有礼の頭にあったのは、アメリカの「学会 Association ないしは Society」であったが、明六社同人の共通項は啓蒙主義で、特定分野を対象としてはいなかったから、今日ならば個別学会よりも日本学術会議のようなアカデミーに近い。実際、明六社解散後の八〇年、この結社に集った人々を母体に東京学士会院が設立されているから、明六社は日本最初の学術アカデミーであったともいえる。ともあれ、ここに結社化した維新期の啓蒙家たちは、日本初の西洋レストラン築地精養軒で頻繁に演説会(研究会)を開催し、その成果を自らのジャーナル『明六雑誌』に収録していった。「スピーチ＝演説」にしても、「ジャーナル＝雑誌」にしても、欧米の学術コミュニケーションの方式を直輸入する発想では、森と福沢は多くを共有していた。しかも『明六雑誌』は、様々な問題を提起し、アカデミックな議論の俎上に載せること自体を目的にしていたから、ここを舞台に民撰議院論争や妻妾論争、国語国字論争など、政治からジェンダー、言語まで日本初の多様な学問論争が展開された。加えて同誌には、ベーコン、ホッブズ、スペンサーなどの西欧近代思想も紹介されており、森から福沢までの知識人を連携させた明六社は、たしかに近代日本の学知の原点だった。

しかし、森と福沢の共通点はここまでである。「啓蒙＝国民の主体化」を「国家＝天皇」のまなざしを通じてなそうとする森と、あくまで「実学」を国民一人ひとりが身につけるところから出発しようとする福沢の間には、近代に対する把握に大きな違いがあった。やがて『明六雑誌』は讒謗律《ざんぼうりつ》と新聞紙条例による薩長政権の統制が強まるなかで廃刊に追い込まれるが、すでに廃刊以前から、あくまで「官」とは一線を画し、「民」諸個人の内発的な主体化を構想する福沢と、「官」主導の西洋化を構想する森や加藤、津田、西などの間には厳しい思想的対立が存在した。この対立を最も明瞭にしたのは、福沢が明六社のセミナーで発表し、その後『学問のすゝめ』の第四編として収録した「学者の職分を論ず」をめぐる同人間の論争である。

この講演で福沢は、「固《もと》より政《まつりごと》の字の義に限りたる事をなすは政府の任なれども、人間《じんかん》の事務には政府の関わるべからざるものもまた多し」と、「政府＝官」と「人民＝民」の二元論から出発する。明治日本の現状を見ると、維新で「お上」中心の時代は終わったはずなのに、「官」ばかりが肥大し、「民」がちっとも強くなっていない。現状は、「政府は依然たる専制の政府、人民は依然たる無気無力の愚民のみ」である。しかし、「一国の文明は、独《ひと》り政府の力をもって進むべきものに非ざる」もので、「人々自ら一個の働きを逞しうすること」を欠けば、その進歩はない。ところが日本では、本来、そうした内発的な啓蒙の任に当たるべき洋学者＝啓蒙知識人たちが、「皆官あるを知って私《わたくし》あるを知らず、政府の上に立つの術を知って、政府の下に居るの道を知らざる」傾向を強めている。これらの人士は、「生来の教育に先入して只《ひた》管《すら》政府に眼を着し、政府に非ざれば決して事をなすべからざるものと思い、これに依頼して宿昔星雲の志を遂《と》げんと欲するのみ」である。結果的に、今日では「青年の書生僅《わずか》に数巻の書を読めば乃《すなわ》ち官途に志し、有志の町人僅に数百の元金《もときん》あれば乃ち官の名を仮《か》りて商売を行わんとし、学校も官許《かんきょ》なり、説教も官許なり、牧牛も官許、養蚕も官許、凡《およ》そ民間の事業、十に七、八は官の関せざるものなし。これをもって世の人心益々《ますます》その風《ふう》に靡《なび》き、官を慕い官を頼み、官を恐れ官に諂《へつら》い、毫《ごう》も独立の丹心を発露する者なく」なってしまった（『学問のすゝめ』）。

　福沢は明六社で、つまり森や加藤がいる場でこの論を発表したと思われ、大変な度胸というか、福沢らしい不遜さである。福沢の歯に衣を着せぬ批判は、間違いなくすでに「官」と深く結びついていた森や加藤に向けられていた。当然、森も加藤も、福沢に面前で罵倒されたのだから一斉に反論する。その反論を、福沢は最初から期待していたであろう。「学者の職分を論ず」論には、相手が反撃するのを目論んで、わざと喧嘩を仕掛けている過剰さがある。

　反論のうち、加藤弘之のものは、福沢の論を欧米のリベラリズムの一種と分類し、教育や郵政の民営化を唱導するこの種の論者たちは、国権を過度に小さくしようとするが、むしろバランスが重要で、「官」に勤める者、「民」にとどまる者、その才覚に応じてすればいいというだけの肩すかし気味の反論であった。他方、森有礼は、加藤よりずっと真摯に福沢の批判を受けとめ、福沢が前提とする「官」と「民」の二分法を否定する。福沢は、「国家（官）」と「国民（私）」の二項対立から議論を出発させる。しかし森からすれば、最初からそのような対立は存在しない。森にとっては国家そのものが共同体として概念化されており、官吏も平民も「民」であるのは同じであり、「政府は万姓の政府にして、民のために設け、民に拠て立つ」ものだから、民はすべてこの政府への「責を担当」するのだ。福沢はまた、「文明の進歩」は政府だけの力によるのではないと主張するが、そもそも政府は「世の文明を進む」ためにあるのではない。官立と私立の違いを問わず、「これを主張する人」が文明を進歩させるのである。

森も福沢も、欧米列強による世界の植民地化を前にして、日本国民をもっと強くしなければならないと考えていた。「国民を強くする」最大の方策が教育にあると考える点でも、二人は共通していた。そしてこの教育が、上からのイデオロギー的洗脳によって成し遂げられるものではないことも二人は理解していた。しかし森は、教育による国民の主体化を、天皇のまなざしの下での国民身体の規律訓練によって成し遂げようとした。他方で福沢は、国民が強くなるのは、あくまで「人々自ら一個の働きを逞しうする」ことによるのだと考えていた。

だからこそ、教師は上からあれこれ命ずる存在であってはならない。「事をなすに、これを命ずるはこれを諭すに若《し》かず、これを諭すは我よりその実の例を示すに若かず」と考える福沢は、教育を「天皇」のまなざしを通してではなく、「私が実例を示す」ことでなそうとした。福沢からすれば、その実例提示のメディアが慶應義塾であり、『時事新報』であった。福沢曰く、「政府はただ命ずる権あるのみ、これを諭して実の例を示すは私の事なれば、我輩先ず私立の地位を占め、或いは学術を講じ、或いは商売に従事し、或いは法律を議し、或いは書を著し、或いは新聞紙を出版する等、凡《およ》そ国民たるの分限に越えざる事は忌諱《きき》を憚《はばか》らずしてこれを行」うのが「私」としての福沢の使命であった。日本人が強くなるには、何よりも人民が政府から独立していなければならず、そうした人民を育てる教育は、「官」のものであってはならない。いくら「官」が「民」の啓蒙に努めても、そこに生まれるのは政府の命令に従順な優等生ばかりである。そんな優等生の量産は、国の力を強くするように見えながら、結局のところ人民から独立の気風を奪い、啓蒙の根底を覆してしまう——これが福沢の決然たる確信であった。

知的結社とエンサイクロペディア

『明六雑誌』における最初の本格的な論争が、「学者とは何か」という問いをめぐって始まったことは興味深いが、もう一つ、この雑誌は重要な特徴を備えていた。それは雑誌全体が、ある種、近代日本初の「百科全書＝エンサイクロペディア」をなしていた点である。帝国大学の設計者であった森有礼は、学術サークルとしての明六社を組織し、そこで発表される様々な記事により、全体として一種の百科全書を編纂してもいたのである。しかし、森や福沢以上に、明六社の実践のこうした方面に注力していたのは西周である。彼は明六社参加以前、一八七〇年に、自らが創設した私塾育英舎で「百学連環」という講義を行っていた。「百学連環」とは、「エンサイクロペディア」の西による訳語である。もともと「エンサイクロペディア」の語源とされるギリシア語の「エンキュクロスパイディア」(egkuklopaideía)は、「円環の」を意味する「ククロス」(kúklos は円、circle の語源)と、「子供」や「学び」を意味する「パイドス」(paidós は pedagogy の語源)が合成された語である。つまりそれは、様々な「学びが環をなす」状態を指していた言葉であり、ある時代までこれは高等教育のカリキュラムとも結びついていた。西欧の学知に深く傾倒していた西は、「エンサイクロペディア」をいわゆる百科事典ではなくその原義に近い多様な学びの連環体として理解し、「百学連環」という訳語を当てたのだ。

その西周は、『明六雑誌』において、他の論者が学者の職分を論じ、政治を論じていたのに対し、あくまで近代的な学問の成り立ちがいかにあるべきかにこだわった。彼が『明六雑誌』に五回にわたり寄稿した「知説」は、「知識とは何か」という西にとって根幹をなすテーマを正面から論じたものである。そのなかで西は、知識をその組織性の度合いによって、「小知」「大知」「結構組織の知」の三つの層に分けた。「小知はただ一個の知、なお糸のごとし。大知はよく組織す。一匹布（二反の布）のごとし。結構組織に至りては、ただちにこれ錦繍（美しい織物）なり」と西は説明する。西洋の知は、この「結構組織の知」の堅牢さにおいて、旧来の日本の学知を圧倒していた。西洋において発達した結構組織の知は、「基礎を堅固にし、柱梁を大にして、もってこれを結構し、経緯・大小・縦横、もってこれを組織」する。要するに、西がここで「結構組織」と呼んでいるのは、今風に言うならば「システム」のことに他ならない。個人の小知でも、集団の大知でもなく、それ自体が構造化されたシステムとしての知が西の言う「結構組織」の知である。西はライデン大学への留学を通じ、西洋の近代知の堅牢さが、個々の要素ではなく、全体がシステムとして構造化されていることによることを知ったのである。西によれば、「百学連環＝エンサイクロペディア」は、この西洋の学知が有する体系性の表象であり、やがて日本に創設される大学の根本をなすべき考え方であった。

山室信一は、岩波文庫版の『明六雑誌』の解説で、「『明六雑誌』には、全百五十六編の論説が発表されたが、その論点は多岐にわたり、博学多識な執筆者たちが百科全書的な知識をもって自説を展開したために、明六社をもってフランスの百科全書派に擬すことも可能であるかもしれない」と述べながら、この日本初の「百科全書派」が、「明六社という人と人を結ぶ媒体としての結社、そして『明六雑誌』という印刷媒体」という二重のメディア性を含み、「その出現こそが「日本を変える」というメッセージ」を生んでいたと論じている。明六社における定期演説会と学術雑誌の発行、この活動と深く関わりながら独自の路線を進んだ福沢諭吉の慶應義塾と時事新報、西周の育英舎と百学連環——これらはすべて同時代的な状況のなかで結びついていた。そして、これらすべてに共通しているのは、アカデミックな学びの場としての結社とそれを基盤に発行される活字媒体を両輪とする新しい知の仕組みであった。

既述のように、近代日本で大学の浮上をもたらしたのは、近世から列島に広がっていた私塾をはじめとする結社である。そして、江戸時代からすでに講、連、衆、会、社などと称した同好者による文芸結社や私塾が各地にあり、それらの地域を越えたネットワークも存在した。一面で、明六社もそうした流れの先に位置づけられるのだが、そうした伝統に圧倒的な量の近代知が西洋から輸入され、同時に活字メディアを通じて広範な読者層の獲得が可能になったという二つの条件が、江戸時代までの知的結社と近代以降のそれを分かつのであった。

「大学」に転身する私塾

近代日本の大学で重要なことは、最初に帝国大学ができて、それに続いて慶應義塾をはじめとする私学ができたわけではないことである。順番はむしろ逆で、維新期における旧士族の危機感を背景にした私塾の興隆がまずあり、そのような草莽の知が自由民権運動に結びついていくことに対する危機感が、帝大創設を促していった。そしてこの、一方で自由民権運動から政党政治への流れ、他方で専門学校から私立大学への流れを結び、それらの境界線を越えて近代知の成り立ちを支えていたのが、新聞や出版のネットワークであった。やがて大正期、明治日本の知では支配的だった「天皇の学知＝帝国大学」対「民権の学知＝私学・出版」という二項対立は、主要な私学が帝国大学に類する「大学」へと「昇格」していくことで不鮮明になっていく。この頃までに私学の知は、必ずしも「官」の対立物ではなくなり、それと同時に「官」にも「私」が入り込み、帝大内部でも国権と民権の対立構造が鮮明になっていく。

一方の私学の「大学」化は、多くの教育史家が精密に検証してきたところなので、ここで詳論するつもりはない。天野の『大学の誕生』が示すように、私学が「大学」の名称を使おうとする動きはすでに一八八〇年代からあった。哲学館（東洋大学）と國學院は「西洋大学」に対峙する「日本大学」の構想を打ち出したことがあり、英吉利法律学校（中央大学）が東京法学院と改称した際、関係の深い東京医学院や東京文学院とともに、将来は「連合東京大学」を組織することを目指したこともあった。しかし、これらは構想止まりで実現しない。

大学化への布石を最初に打ったのは慶應義塾で、同校は九〇年に「大学部」を設置する。ところが当時、幼稚舎、普通部の初等中等教育を経た若者たちの多くはそのまま実業の世界に出て、大学部で専門教育を受ける者は少なかったから、この試みは苦戦する。福沢は、しかし不振でも大学部を廃止するのではなく、むしろ逆に義塾全体の大学化、つまり幼稚舎や普通部の上に付随的に大学部が乗る構造から、大学部を本体とし、その下に普通部や幼稚舎が付属する構造に教育課程を転換させてしまうのである。この大転換が行われるのは一八九八年で、以来、「慶應義塾」は「慶應大学」へと段階的に移行していく。これに対し、自らを帝国大学に比せられる「大学」と最初に宣言したのは東京専門学校であった。同校は一九〇〇年に高田早苗を学監として大学化構想を打ち出し、二年後には「早稲田大学」への名称変更を政府に認めさせる。この「大学」化に伴い、早稲田は教育課程を「大学部」と「専門学部」に分け、大学部の下に予科を設けて帝国大学に似た課程の編成を整えていった。そしてやがて、この早慶両雄の大学化に倣うように、他の多くの私学が背伸びをしながら「大学化」を図っていく。

吉野作造と明治文化研究会

他方、かつては私学側にあった「民権と出版の学知」が帝国大学にも内在化されていく状況を、その初期に最も象徴的に体現したのは吉野作造である。吉野は一九〇四年、東京帝大法科大学を首席で卒業し、中国に渡って袁世凱の長男の家庭教師を務めた後、帝大助教授に就任、翌年から三年間欧米に留学し、一三年に帰国するとすぐに教授に昇任した。まさに帝大法科エリートの典型といえるキャリアだが、吉野の本領が発揮されるのはこれ以降である。欧米留学から帰国後、彼は『中央公論』の主幹であった滝田樗陰《ちょいん》に乞われ、同誌に次々に論文を発表していく。なかでも同誌一六年一月号に発表した「憲政の本義を説いて其《その》有終の美を済《な》すの途《みち》を論ず」は、天皇制国家とデモクラシーが矛盾せず、むしろデモクラシーこそが「憲政の本義」を実現させるとの論を巧みに展開した論文で、その後の大正デモクラシーの思想的原点とされていった。こうして吉野は大正デモクラシーの最も影響力ある論客となっていく。

注目したいのは、吉野と言論メディアの関係である。吉野が大正デモクラシーを代表する思想家となったのは、若くして東京帝大教授になったからではなく、何よりも『中央公論』との深い結びつきによるものだった。明治中期に本願寺派を基盤とする仏教系禁酒運動の機関誌として出発した『中央公論』(当初は『反省会雑誌』)は、一八九〇年代末から幸田露伴や広津柳浪《りゅうろう》などの作家を擁して地方の文学読者を購読者とする総合雑誌へ変化しつつあった。やがて辣腕の編集者滝田樗陰は、有名作家の作品ばかりを徹底して雑誌に掲載する方針をとり、この「一流大家主義」によって同誌は日本の文芸・言論界を代表する総合誌へと急成長する。

永嶺重敏は、この時代の『中央公論』の読者層を分析し、同誌がこだわった表紙やレイアウトのシンプルさが、教養知識層に照準を合わせた読者戦略を内包していたとする。メディアとしての『中央公論』のスタイルは、視覚的、装飾的な要素の排除に特徴があった。「挿絵や口絵写真といった視覚に訴える娯楽的な夾雑物はいわば大衆性を象徴するものであり、その排除は大衆性の排除を意味した。大衆読者の勃興を前にして、大衆との差異化の必要を感じ始めていた知識人読者にとっては、大衆性の混合した『太陽』よりも『中央公論』の知的禁欲スタイルの方がより適していた」(『雑誌と読者の近代』)。

こうして明治後期に確立していく「権威」のシステムとしての総合雑誌の世界で、『国民之友』は徳富蘇峰の文体の魅力によって、『太陽』は百科主義によって、『中央公論』は「一流作家主義」によって、この権威のシステムの頂点に立つのだが、ここにある逆転が生じることになる。『中央公論』は一流大家の小説を起動力にして「最高の権威」へと到達したが、これ以降は、今度は逆に『中央公論』に載ることが一流大家の証明とみなされるようになる」のである(永嶺、前掲書)。メディアの価値が作家の名声に依存するのではなく、作家の価値がメディアの名声(演出力)に依存するのだ。まさにこの時、編集者滝田が見出した最大の「一流作家」こそ、吉野作造に他ならなかった。大正前期を通じ、吉野は同時代の教養知識層を観客とする「権威」の劇場となった『中央公論』で最有力の人気俳優の役を華麗に演じていく。やがて吉野は、東京朝日新聞に乞われて東京帝大教授の職を辞し、同社の編集顧問となる。吉野としては、「朝日新聞」というより大きな影響力のある劇場で、自らの言論の可能性を試そうとしたのであろう。ところがどうやら、「新聞」という舞台は、「雑誌」という舞台よりもはるかに制約の大きいものであったらしい。吉野は朝日紙面で軍部や特権機関への批判を展開しようとするが、これが右翼の攻撃にあって新聞社内でも問題とされ、わずか数ヶ月で編集顧問の座を追われてしまうのである。この事件をきっかけに、吉野の活動はメディアの舞台で主役を演じることよりも、そうした舞台を歴史的に相対化していくことに向かっていった。

ここにおいて、吉野が稀代の反骨ジャーナリスト宮武外骨《みやたけがいこつ》などと共に組織していったのが明治文化研究会である。同研究会には、吉野を中心に、宮武、尾佐竹猛《おさたけたけき》、石井研堂、小野秀雄などが加わり、明治国家形成期のメディアと言論、文化と政治についての本格的な集団的研究が展開されていった。その成果は、三二巻に及ぶ『明治文化全集』にまとめられると同時に、組織的にも明治新聞雑誌文庫(現・東京大学大学院法学政治学研究科附属近代日本法政史料センター)として残され、さらにここでの活動が、東京帝大に同研究会のメンバーであった小野秀雄による新聞研究室(現・同大学院情報学環)が設置されていく一つの背景ともなった。

吉野の歴史的問いと宮武の反骨精神を両輪としたこの研究会は、明治憲法体制と商業的な大新聞中心の体制、つまり国家学的な学知と支配的なメディア知の双方を歴史的に相対化していく視座を内包していた。そしてこの問いかけを、彼らはネットワーク化された百科全書的な知の実践として展開しようとしたのだ。明治初期、森有礼から福沢諭吉までが集った明六社のすでに述べた活動に最初に注目したのも彼らであった。朝日新聞での筆禍事件をきっかけに、

「大正デモクラシー」というドラマの舞台から一歩退いた吉野は、明治国家という、そもそものドラマの舞台を成り立たせてきたより大きな劇場に問いを向けていったのである。

相互依存する「出版」と「大学」

大正期における吉野作造と『中央公論』の結びつきが示唆する重要なポイントは、日露戦争や第一次大戦以降の社会全体の産業化を通じ、今や帝国大学すら、閉じられた学知の空間ではあり得なくなっていたことである。大正期における出版メディアの発展は、その読者層となる人々の拡大に呼応していた。この時代、帝国大学に入学するのはごく一部のエリートにすぎなかったが、早慶をはじめとする私学が「大学」化を急ぐなかで大学生全体の数は明治期よりもはるかに増えていた。一九〇三年に全国でわずか三〇〇〇人余りであった大学生数は、その四半世紀後には一〇倍以上の四万人近くに増えている。さらにそうした大学生人口の外側に、新しい教養を求める読者層が膨れ上がっていた。この膨張する読者層の知的欲望を媒介したのは、大学よりも『中央公論』などの出版物だった。吉野作造を時代の寵児にしたのは、帝国大学ではなく『中央公論』であり、これ以降、多くの大学知識人が、自らが教鞭をとる大学よりも、その論文や発言を活字化して伝えるメディアを通じて「名声」を構築していくようになる。

実際、大正期以降、吉野に続いて何人もの「大学教授」が、出版界との結びつきにより「有名化」していく。東京商科大教授の福田徳三、早稲田大教授の大山郁夫、京都帝大教授の高田保馬、東京帝大教授の河合栄治郎などが、吉野以後に出版界にもてはやされていった代表例である。無論、これは相互的な関係で、出版社も大学アカデミズムとの結びつきを強め、この関係を新たな教養読者層の発掘に利用していった。なかでも一九二〇年代以降、帝大知識人との結びつきを基盤に成功した出版社の代表格は岩波書店である。そもそも同書店の誕生は、岩波茂雄が旧制一高で深い仲となった安倍能成を通じ、かつての一高教師夏目漱石の知己を得、漱石から『こころ』を出版するチャンスを与えてもらったことに始まる。漱石という「超一流作家」の後ろ盾を得ることで、岩波は出版社としての「権威」を草創期に獲得したのである。まもなく岩波書店は、やはり一高時代の同級生であった阿部次郎の協力を得て「哲学叢書」を発刊して成功を収める。安倍能成も阿部次郎も、いずれも東京帝大卒業後、ヨーロッパ留学を経て京都帝大教授、東北帝大教授になっている。つまりお決まりの出世コースだったが、岩波茂雄自身は一高で二度も落第して退学となったので、同級生の帝大教授が多数いながら、自身はそこから排除された位置におり、この創業者の両義性が岩波書店の基盤となった。

竹内洋は『教養主義の没落』で、「岩波文化」成功の鍵が、純粋文化界(大学アカデミズム)とマス文化界(出版ジャーナリズム)の中間に「民間アカデミズム」という交渉領域を創出し、官学アカデミズムと出版ジャーナリズムが自らの正統性について相互依存する循環構造を築き上げた点にあったと述べている。「岩波文化は、東京帝大教授や京都帝大教授の著作を出版するということで、官学アカデミズムによって正統性を賦与された。しかし、逆に、官学アカデミズムはみずからの正統性を証明するために民間アカデミズムである岩波文化によりかかった。官学アカデミズムの業績は岩波書店での書籍刊行によって正典化したからである。また諸外国の作品の古典・正典化は、岩波書店刊行の翻訳をつうじて制度化された。岩波文化と官学アカデミズムは、文化の正統化の「キャッチボール」をすることでそれぞれの象徴資本（蓄積された威信）と象徴権力を増大させていった」のである。

ここにおいて、先に『中央公論』で指摘したのと同様の反転の回路が機能していることがわかる。岩波書店は、初期には漱石や帝大教授、海外の流行思想の翻訳によって自らの知的「権威」を高めていった。しかし、これは同時に、岩波書店で出版すること自体が著者や著作に「アカデミック」な権威を付与する効果を生じさせていくことも結果した。やがてこの反転回路の先で、竹内が引用したように、「本は岩波でなければならない、岩波から出た本でさへあれば、何でも信用されるといふやうなことになつてしまつた。各大学、高等学校の学生がさう思つてゐるばかりでなく、正規の学業を踏み得ないで、しかも読書をせずにゐられないやうな、篤学な民間の青年までがさう思ふ——いや、さういふ青年の方が一層深くそれを信じ込んで、恰も岩波書店が一個の私設大学でもあるかのやうに思ふやうになつた」（森田草平『私の共産主義』)。二〇世紀初頭に急拡大する教養書資本主義は、読者市場を媒介し、帝国大学の権威を突き崩すよりもその権威と相互補完的なシステムを創り上げた。今や東京、京都、東北、九州、北海道、ソウル、台北と広がった帝大の教授たちは、この出版との共生関係を自らの側に引き込み、明治国家のそれとは別種の「権威」を創造してもいたのである。

分裂する大学人と言論人

一九二〇年代の思想的な潮流において、以上のような大学と出版の循環回路の重心は、大きく「デモクラシー」から「マルクス」へと旋回する。滝田樗陰の『中央公論』が躍進を遂げた時代の関心の焦点が、「教養」と「民本主義」であったのに対し、第一次大戦後、資本主義発展のなかで階級対立が深まり、若者たちの時代意識はより先鋭化して「マルクス主義」に向かうのである。この変化は、主流の総合雑誌が『中央公論』から『改造』に移る変化に対応していたが、結果として、出版ジャーナリズムと相互依存しながら地位を築いていく帝大教授と帝国大学の旧態然たる体制の間には、それまで以上の軋轢や衝突が生じていくことになる。

東京帝国大学で、この知的潮流のマルクス主義的転回と帝大アカデミズムが衝突する舞台となったのは、一九一九年に法学部から独立してまもない経済学部であった。草創期の東京帝大経済学部を襲った一つの不幸は、学識と人望、指導能力において卓越し、この若い学部をまとめる中心人物と目されていた高野岩三郎が、国際労働機関（ＩＬＯ）代表問題で同大教授の職を辞せざるを得なくなってしまったことだろう。その後、同学部は新設部局にありがちな内紛に次ぐ内紛にまみれることになる。高野辞職の翌年、いわゆる森戸事件が生じ、高野の後継者として最有力だった森戸《もりと》辰男《たつお》も経済学部助教授の座を追われてしまう。やがて、マルクス主義経済学の論客としてジャーナリズムにもてはやされた大森義太郎《よしたろう》も助教授の座を追われる。大正教養主義の知識人が、多くの場合、出版社との結びつきと大学での教授職を両立させることに困難を感じていなかったのに対し、昭和初期の左翼知識人は、出版ジャーナリズムでの活動の活発化に伴い、しばしば大学での職を辞せざるを得なくなっていったのである。

こうした状況のなかで、出版ジャーナリズムと大学アカデミズムは、相互依存的な関係を保ち続けることができなくなり、それぞれが分離して閉じていく。吉野作造や安倍能成は、大学と出版が親密になっていく時代を生きたが、森戸辰男や大森義太郎、あるいは三木清や戸坂潤《とさかじゅん》の場合、出版界への参与は、帝大アカデミズムから彼らが切り離されることを意味した。

このことが生んだ負の効果は、出版界の言論が先鋭化すればするほど、逆に大学からは批判的な意識や開かれた発想を持つ俊英が失われていったことだった。その典型が大森義太郎のケースであることは、竹内洋の『大学という病』が詳述した通りである。大森の場合、あまりにも鋭利な論客としての筆力は、やがて自らの身を滅ぼすことになってしまう。大森と結末は違っても、戦中期の批判的知性を代表した三木清や戸坂潤、清水幾太郎も、いずれも帝大卒のずば抜けた俊英でありながら、帝大教授職にありついていない。三木の場合、京都帝大卒業後のヨーロッパ留学は岩波茂雄の支援によるものであったし、その後も岩波書店とは深い関係を結ぶ一方、一九三〇年に日本共産党との関係を疑われて逮捕されてから、帝大教授への道は断たれている。戸坂潤も、三木と同じく京都帝大を卒業後、三五年の検挙により大学の外で研究を続けなければならなかった。清水幾太郎は、東京帝大を出た戦中・戦後期の最も重要な社会学者でありながら、同大学の社会学教授としては最後まで受け入れられなかった。

少なくとも文系の学知に関する限り、一九三〇〜四〇年代の最も創造的な知は、これらの大学から排除された人々によって生み出されたもので、大学、とりわけ帝国大学のなかに残存したのは固い殻のなかに閉じこもる空虚な知でしかなかった。そして実は、今、ここに挙げた三木清、戸坂潤、清水幾太郎はいずれも、三〇年代初頭に組織された唯物論研究会という同じ知的コミュニティの同人でもあった。唯物論研究会は、三木や戸坂、長谷川如是閑《にょぜかん》、三枝博音《さいぐさひろと》、岡邦雄などを主要メンバーに、一九三二年から三八年まで続いた研究ネットワークで、狭義の哲学にとどまらず、科学技術から文芸、映画、音楽までの幅広い問題を論じ、雑誌『唯物論研究』や『唯物論全書』にその成果を発表していった。この唯物論研究会を、明治初期の明六社、大正末から昭和にかけての明治文化研究会と比較してみると、後の時代になるほど大学の中枢から離れ、周縁へと重心が移っていることに気づく。明六社の場合、中心となった森有礼と福沢諭吉は、いずれも日本の大学システムの「官」と「私」における創始者であった。吉野作造をリーダーとした明治文化研究会の場合、吉野は東京帝大法学部にそれなりの足場をもっていたし、グループの遺産はその後の東京大学に継承されている。しかし、三木や戸坂、清水が集った唯物論研究会は、その系譜的遺産が大学から切り離されたままで、戦後へも継承されていない。制度としての帝国大学は、二〇世紀初頭の一時期、教養主義を旗印に出版ジャーナリズムとの親密な関係を結んだ後、マルクス主義の時代の到来を前にたじろぎ、「天皇の学知」としての自らの本分を守ろうと国家の統制下におのれを安堵させていったのである。

「もう一つの大学」のゆくえ

ふり返るなら、一八八六年に創立された帝国大学は、創立から十数年を経た頃から徐々に国家だけに奉仕する学知の空間であることから離脱し始めていた。京都帝大の創設は、東京帝大とは異なる、フンボルト型大学により近い大学の実現を目指したものであったし、一九〇〇年頃になると、東京帝大にも吉野作造のいう「わりあいにゆっくりした気分」が出てきて、学問自体に専心しようという意識が広がっていく。それ以前の帝国大学は国家と距離が近く、教授たちもしばしば教育よりも官吏や国の指南役の役割を優先させていた。ところが明治末までに国家側でも官僚制度が発達し、帝大卒の若手官僚が経験を蓄積してきたこともあり、帝大教授の国家機構における役割は減少していた。そうした条件を前提に、やがて帝国大学やその予科でアカデミックな教養文化が花開き、これと大衆社会形成期の出版資本が結びついていく。そうした変化のとば口で颯爽と登場したのが吉野作造であり、彼のようなジャーナリズムとアカデミズムの合一を支えたのが、『中央公論』や『改造』などの総合雑誌や岩波書店のような出版社であった。帝国大学システムは、二〇世紀初頭に至り、その辺縁に教養読者層をすそ野の広がりにもつ読書空間としての「もう一つの大学」を擁していくようになったのである。

だが、この大学と出版の蜜月はそう長くは続かなかった。一九三〇年代前半のマルクス主義ブームの後、思想と研究教育に対する国家の弾圧が強まるなかで、大学と出版社が共謀することによって生み出された「自由の余地」は縮小していく。戦後になって、この関係が別の担い手たちによって復活するまで、帝国大学は再び国家に奉仕する役割へと回帰していった。一九三九年、当時の東京帝大総長平賀譲《ゆずる》によってなされた「平賀粛学」は、帝国大学が自らそうした「自由」の圧殺へと踏み込んだ負の歴史の象徴ともいえるし、やがて戦後、折り重なる負の歴史からいかに脱却して「自由の学知」を復権させるかが、新しい東京大学への再設計の任を負うことになったもう一人の総長南原繁《なんばらしげる》にとっての最大の課題ともなっていった。

第Ⅳ章　戦後日本と大学改革

東京大学の安田講堂前を埋め尽くした学生たち(1968年6月20日．毎日新聞社)

1　占領期改革の両義性

占領期改革と「大学」への一元化

一九四五年から五二年までの占領期を通じ、日本の大学は新たな、そして不可逆的な変貌を遂げていく。四九年の新制大学発足に結実するこの占領期改革の最大の特徴は、それまでの様々な高等教育機関の「大学」への一元化であった。戦前の日本には、「帝国大学」「大学」「専門学校」「師範学校」「旧制高校」等の異なる形態の高等教育機関が複雑にひしめいており、量的にいえば単科の専門学校が多数派であった。総合的な教育を旨とする大学は、敗戦時でもわずか四九校にすぎなかった。しかも、そのなかで帝国大学とそれ以外の大学には厳然とした格差があり、高等教育全体のヒエラルキーは圧倒的に官学優位になっていた。明治以来のこの複雑なシステムが、占領期改革のなかで一挙に「大学」へと一元化されるのである(図9)。

一九四九年の新制大学発足により、帝大も私立大も同じ総合大学となり、旧制高校の多くは国立大学の教養課程に組み込まれていった。また、地方の官立系高等教育機関については「一県一大学」という原則が立てられ、専門学校、高等学校、師範学校等の多様な形態が統合され

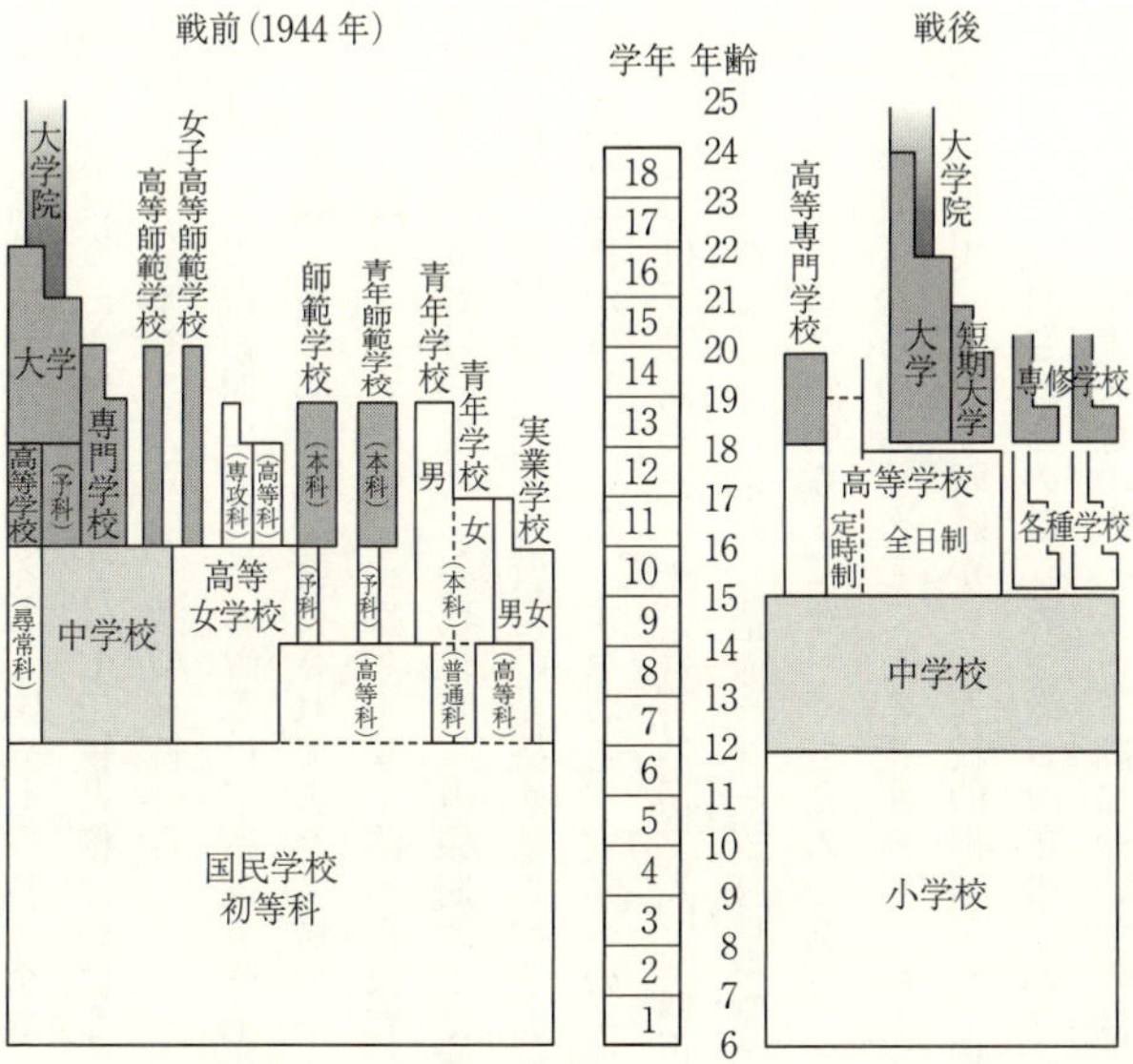

注：幼稚園は省略した

図9　戦前と戦後の教育制度

て、全国で七〇の国立大学に転身した。総じてみれば、官立という基盤の上に各地で発展していた高等教育機関が大学に一元化され、しかも、地方は一県一大学に統合されていったことは、官学全体を収縮させる方向に作用した。他方、すでに数では多数派だった専門学校の多くも大学へ昇格したが、このことは東京や京阪を中心に多数林立していた私立学校の大学化を意味し、大学全体の重心が官学から私学へ大きく移行していく。

　こうして一九四五年時点の大学数は、国立一九校、公立二校、私立二八校、計四九校だったのが、四九年、新制大学が発足すると、国立七〇校、公立一八校、私立九二校、全体で一八〇校に激増、さらに五三年には、国立は七二校と横ばいになったのに対し、公立は三四校、私立は一二〇校、大学全体で二二六校と激増を続ける。

実は、この占領期の高等教育改革は、帝国大学形成に関する研究と並び、高等教育史研究のなかでも最も多くの研究が蓄積されてきた領域の一つで、これまでに寺崎昌男や天野郁夫、羽田貴史、関正夫、大崎仁、土持ゲーリー法一ら教育学者による優れた実証研究が積み重ねられてきた。とりわけ一九九〇年代以降、占領期改革に関する米国側資料の公開、他方では鍵となる教育刷新委員会に関する資料の発掘が進み、その結果、占領期の教育改革の捉え方に劇的ともいえる変化が生じている。すなわち、大学への一元化を主軸とする改革政策が、占領軍による「押しつけ」であったとする見方に根本的な修正が迫られ、むしろここに、まさしくジョン・ダワーが論じた日米の「抱擁」、しかも日本側の積極的な関与による連携的再編のプロセスが存在したことが明らかになってきたのである。そしてこれは、占領期改革をそれまでの時代の高等教育からの断絶として見る視座から、むしろ戦中期の総力戦体制で目指されていた教育体制の実現、つまり戦時からの連続的再編として捉える視座への転換を促しつつある。

この点で注目されるのは、戦後教育改革の「バイブル」ともされてきた米国教育使節団の報告書が、初等中等教育の六・三・三制についてははっきり一元化への道を示したにもかかわらず、高等教育の年限や組織について明確な勧告を避けていた事実である。この使節団は、ニューヨーク州教育長官だったジョージ・ストッダードを団長に、米国各地の大学の教育専門家など二七人からなっていた。彼らは一九四六年三月に来日、約一ヶ月の視察と調査を経て報告書をまとめあげた。しかしその報告書は、高等教育の機会均等や男女共学については一定の勧告をしたものの、戦後日本の高等教育の抜本的改革は提案していない。それどころか報告書は、自由主義教育の機会を増大させるため、「大学に進む予科学校(旧制高校)や専門学校のカリキュラムを相当程度自由主義化し、以て一般的専門教育を、もっと広範囲の人々が受けられるようにすること」を勧めており、これは彼らが「大学」「旧制高校」「専門学校」といった高等教育の複線性は残した上での改革を考えていたことを示唆している。しかもこれは、彼らが日本の戦前からの教育体制に無知であったからではなく、むしろ彼ら自身が、高等教育の四年制一元化は望ましくないとの考えをもっていたことに由来する可能性が高いのである。

一元化をめぐる日本側の葛藤

小中高の六・三・三制とは異なり、四年制大学への高等教育の一元化が、アメリカの占領政策が最初から計画していたものではなかったのなら、このような方向へ戦後日本の高等教育の舵を切ったのは誰だったのか。この謎への解答も、ある程度まで解明されている。ここで注目されるのは、使節団の報告を受けて一九四六年八月、前文部大臣の安倍能成を委員長、東京帝大総長南原繁を副委員長として設置された教育刷新委員会の動きである。この委員会では、使節団報告書よりも一歩踏み込んで六・三・三・四制の導入が議論されたが、最終的にまとめられたのは、高等学校(旧制高校)は三年制を基本としながらも四年制、五年制を認め、大学は四年制を基本としながら五年制も三年制も認めるという緩やかな答申だった。

この答申が含意した最大のポイントは、旧制高校の維持である。一高校長から文部大臣になった経歴の安倍は、当然ながら旧制高校維持に傾いていたし、同じく当時、一高校長をしていた天野貞祐《ていゆう》(後に文部大臣)も、東京音楽学校校長の小宮豊隆も旧制高校維持派であった。安倍も小宮も漱石門下の岩波文化人であり、安倍にとって旧制高校は、岩波茂雄との友情が育まれた場所でもあった。天野は後に、「旧制高校は日本教育における最も成功した教育制度」と語ったように、旧制高校には格別の思い入れがあった。しかし実は、こうした個人的な思い以上に、彼らの間には共通して帝国大学に対する警戒心があったのではないだろうか。旧制高校も音楽学校も、一つ間違えると「帝大」という巨大なシステムに呑み込まれてしまうのではないか。実際、その後の歴史が示すように、この警戒心はあながち杞憂とも言えなかった。

逆に言えば、最後の東京帝国大学総長南原繁は、安倍や天野ら一高勢力とは異なる立場をとる理由がなくもなかった(東京大学への名称変更は一九四七年)。つまり、占領期改革のなかで大学の四年制一元化への方針を強力に推進し、結果として旧制高校の解体という大転換をもたらした中心人物は、近年の教育史研究の検討結果をみるかぎり、どうやら南原繁その人らしいのである。南原は、米国教育使節団の来日に対応して組織された日本側教育家委員会の委員長をしていたが、同委員会は一九四六年四月初旬という早い段階で、六・三・三・四または五年制の単線的教育体制への一元化を提案していた。土持ゲーリー法一は、多くの新資料を基礎に、南原がさらに早い段階から、旧制高校の廃止と六・三・三・四年制への一元化を構想していたと考えている。土持によれば、南原は四六年三月二一日、使節団団長ストッダードと極秘裡に会談し、戦後教育では、「小学校、高等学校、カレッジ、総合大学を単線化し、すべての段階での機会均等が拡充」されるべきと述べていたという。さらに南原は、その四日後の三月二五日には、東京帝大法学部教授の高木八尺《やさか》と共にＣＩＥ（民間情報教育局）教育課を訪れ、「学閥の原因」である旧制高校を廃止することや、専門学校と大学の格差をなくし、すべての高等教育機関を一元化することを提案していたという（『戦後日本の高等教育改革政策』）。

この段階では、まだアメリカ側は日本の高等教育の明確な未来像をもってはおらず、幾度かにわたる南原らからの働きかけが、アメリカ側の改革政策に影響を与えた可能性がある。やがて占領軍は、教育刷新委員会の原案に基づき日本政府から提案された学校教育法案を拒否し、はっきりと六・三・三・四制への一元化を要求するようになる。教育刷新委員会のなかでは少数派だった南原は、教育使節団やＣＩＥ教育課といった占領者側に直接働きかけていくことにより、彼らの高等教育についての改革案に影響を与え、最終的には旧制高校の廃止、新制大学四年制への一元化を実現させる中心的役割を演じたのではないかと考えられている。

シカゴ大学モデルの挫折

南原がなぜ、旧帝国大学が頂点に君臨した明治以来の高等教育システムを、その頂点にあったにもかかわらず否定する動きをしたのかは興味深いが、ここでは日本側と同様の分裂が、アメリカ側にもあったことも確認しておこう。前述の土持は、占領者が当初、高等教育について画一的な改革案を示すことに消極的だった理由の一つを、シカゴ大学型モデルを支持する使節団と、ハーバード大学型モデルに準拠するＣＩＥ教育課との考え方の分裂に求めている。

ここでいうシカゴ大学型とは、一九三〇年から同大学長職にあったロバート・ハッチンスの教育理念に基づくもので、戦時期の高等教育改革をめぐる議論で最も注目されていた動きであった。ちなみに、ハッチンスが学長になった頃のシカゴ大学は、いわゆる「シカゴ学派」として世界的な影響力を誇った社会学をはじめ、多くの人文社会科学で新しい動きを取り入れ、世界最先端の位置にあった。ハッチンス自身、わずか三〇歳で学長になっている事実からしても、当時のシカゴ大学がいかに若々しい活力に溢れていたかが想像できる。そのシカゴ大学の教育を特徴づけたのは、フンボルト型大学とはむしろ逆の考え方、つまり選択制や単位制を採用せず、学士資格であるバチェラー・オブ・アーツ（BA）に必要なのは、基礎知識、専門の知識と方法、人文学、社会科学、自然科学、数学の知識、自己表現力についての総合試験に合格することとしていた点にあった。この総合試験は年に数回実施され、学生は条件が整えばいつでも受験できた。シカゴ大学の授業は対話型が重視され、知識を身につけることではなく、物事を考える力や表現する力を身につけさせることが大学教育の目的とされた。

二〇世紀初頭のシカゴ大学の斬新さはこれだけではない。ロックフェラー家の莫大な財産に支えられていた同大学は、カレッジでの一般教養教育、大学院教育、専門職教育、地域社会連携、さらに大学出版部までをすべて組み込んだ新しい総合大学の仕組みを創り出していた。同大学はさらに、クォーター制、すなわち一年を一二週単位の四期に分ける学事暦を採用し、四年間の学部教育を前期と後期に分け、前期をジュニア・カレッジ、後期をユニヴァーシティ・カレッジとして、前者と高校教育の、後者と大学院教育の結びつきを強めた。しかもハッチンスは学長就任後、四〇近くの学科を人文学、社会科学、生物科学、物理科学の四つのディビジョンに再編してしまう。そして、この大きく四つに再編された専門課程に加え、学部前期課程を担うジュニア・カレッジを独立したディビジョンとし、これに経営、法律、図書館、医療等のプロフェッショナル・スクールを加えて大学の基本構成体とした。やがてハッチンスは、ジュニア・カレッジに高校の最後の二年間を取り込んで、下方に拡張された「四年制カレッジ」を実現させる。この新機軸は、学士号授与を通常より二年早めることを可能にし、徴兵年齢までに若者が学士資格を得られるようになるから、戦時体制に好都合の方式であった。

ハッチンスによるシカゴ大学での大胆な実験は、結果的には挫折したと土持は述べる。カレッジ教員は学内で専門課程の教員よりも「格下」とみなされると猛反発し、高校側は成績優秀者を早々に引き抜かれることを拒んで優秀生徒を温存した。さらに社会の側は、二年も早くに授与されたシカゴ大学の学士号を他大学と同等のものとはみなしてくれなかった。まさに四面楚歌のなかで、やがてシカゴ大学はより常識的な大学モデルへと撤退していく。

一九四〇年代は、シカゴ大学の実験的なモデルから、ハーバード大学の穏当なモデルに流れが移っていく時代であった。ハーバード大学長ジェームズ・コナントが提唱したのは、社会のより広い層の人々に向けた「一般教育(ゼネラル・エデュケーション)」の概念である。大学の社会的役割を強調するこの概念は、第二次大戦後の復興期の意識とマッチして人々に受け入れられやすかった。ハーバードでは、この一般教育の根本を、人文学、社会科学、自然科学の三つの学の「総合」に求めた。これら三つの学をばらばらに学ぶのではなく、三つの学が共通の基盤の上で結びついていることを学び、これらを結びつけた上でそれぞれの専門分野を学んでいくことのできる能力を身につけさせるのが一般教育の目的と考えられた。たとえば先端的科学技術についての知識は、正義や倫理についての哲学思想や経済学や政治学の思考方法を同時に学ぶことによって初めて、より専門的な次のステップに進むことができる。このような一般教育を、既存の大学の枠を超え、社会の幅広い層に行き渡らせることが構想されていた。

米国教育使節団とCIE教育課の関係に戻るならば、一九四六年に来日した使節団には複数のシカゴ大学関係者が含まれており、高等教育に関する改革案を起草したのもハッチンス学長と関係の深い学者であったことは、使節団報告書がシカゴ大学型を基調としたものとなり、新制大学を一律四年制とすることに否定的であったことの状況証拠となる。他方、社会全体が同一の一般教育課程に包摂されるべきとするハーバード大学のモデルに近かったCIE教育課の立場からすれば、初等中等のみならず高等教育も一律的な年限で単線的に構成されるべきであった（土持、前掲書）。このようなずれのなかで、使節団報告書には、高等教育の年限や組織に関する具体的な提案は盛り込まれないままとなり、その決定は後の教育刷新委員会とCIEとの交渉事項となっていく。その後、南原の考えとCIE教育課が準拠するハーバード大学型のモデルは、教育課程の一元化という発想では共通の方向へ収斂していくのである。

南原繁という謎

南原繁はなぜ、同時代の多くの大物リベラリストがこぞって旧制高校と複線的な教育体制を擁護するなかで、高等教育の単線的一元化を確信的に推し進めたのであろうか。この点に関して近年の教育史研究は、南原と、戦時期に近衛文麿の政策ブレーンとなった昭和研究会で教育政策を担った「教育研究会」(後に「教育改革同志会」)の結びつきに注目している。

知られるように、近衛の下に昭和研究会が組織されるのは一九三三年のことだが、教育研究会の活動はその三年前から始まっており、三一年に教育制度改革案を公表、三七年にはその修正案を公表していた。折しも同年、第一次近衛内閣が成立すると、近衛は閣内に教育審議会を設置、多くの教育改革同志会メンバーがこれに参画することになった。こうした動きには、社会学の戸田貞三、建築学の佐野利器《としかた》、教育学の大島正徳など、南原とも馴染み深い東京帝大の教授たちが含まれていた。彼らは一九三七年から四二年まで続いた教育審議会で多くの革新的な教育改革案をまとめていくが、そのなかには義務教育を八年間に延長することや中学校、高等女学校、実業学校に分化している中等学校制度を一元化すること、女子の高等学校や実業学校の設置を認めることなど、まさしく占領期教育改革のなかで実現していくのに近いプランが提案されていた。そしてこうしたなかで、高等教育の一元化、すなわち大学と高校、専門学校をすべて三年制の大学校に一元化し、これを五年制の中学校の上に直結させて教育課程を単線化する改革案も話し合われていたのである。やがて戦後、教育審議会でこの改革案を主導していたメンバーは、前述の日本側教育家委員会で南原を支えるコアチームとなっていく。

こうした観点からいうならば、まさしく戦時期の総力戦体制が、戦後教育改革の柱の一つとなった高等教育の一元化を準備したことになる。そして、そのような戦時期の改革案と占領期改革の実施をつなぐ接点に、東京帝大最後の南原総長体制が位置していたことになろう。しかし、南原が戦後教育改革のなかで「大学」への一元化を推進した根底には、このような戦時体制からの連続というだけにはとどまらない理由もまた存在したのではないだろうか。

自らも紛れもなく旧制一高のエリートであった南原は、高校生の時に一高校長新渡戸稲造の薫陶を受け、内村鑑三との出会いも経験している。そして南原は、一高・東京帝大の学生時代を通じて内村の無教会派コミューンの中核的メンバーとなっていく。やがて敗戦という国民社会の危機に際し、南原は日本には市民的ルネサンスと内面的な神との結びつき、すなわち宗教革命が必要なのだと主張していくが、これはまさしく内村や、内村の伝道を継いだ矢内原忠雄も考えていたことで、内村の無教会派キリスト教の精神は、南原のその後の思想の根幹をなしたと考えられる。そして、南原の青年期におけるキリスト教との決定的な出会いは、帝国大学システムの根幹を設計した森有礼の青年期を改めて想起させる。アンドリュー・バーシェイはこの時期の南原について、「この世において、生は宗教的目的のためにある。同時に、南原は、人は再臨の日まで、時を無駄に過ごしてはならない、と信じていた。人は奉仕するために創造されたのであり、ネーションに奉仕することが、この世における最高の奉仕形式なのである。

このように、内村の「純粋福音」信仰と、明治時代のコモン・センスとしてのナショナリズムが、南原のような人格の中で、融合されている」と要約した(『南原繁と長谷川如是閑』)。

ここに私たちが再び発見するのは、すでに森有礼に見たのに似たプロテスタンティズムとナショナリズムの深い結びつきである。キリスト教は、日本の大学システムの形成期と転換期の二度にわたり、ペリー提督やマッカーサー元帥以上に大きな役割を果たしたわけで、ある意味ではそこまでわれわれの学知は深く西洋に捉えられてもいるのである。本書が何度も確認してきたように、大学はその根本において普遍性への意志を内包している。だからたしかに、大学と同じく普遍性を内包するキリスト教は、大学の友であり、敵でもあり続けたのだ。

南原繁と森有礼はしかし、ある一点で決定的に異なっていた。森の場合、プロテスタンティズムの主体化の論理を天皇のまなざしに帰属させることで国家を大学に超越させた。南原もまたプロテスタンティズム的なエートスに深く動機づけられながら、そこでの超越は、森とは逆の構図をとり、国家を真理に超越させることは決してなかった。ここでの南原の立場を理解する鍵は、おそらく彼のプラトン論なのだが、これについてあれこれ論じる余力はないので、とりあえずはバーシェイの次の指摘を引用するにとどめよう。バーシェイによれば、南原はたしかに「国家とは人間社会において正義が実現されるために不可欠な場であると考え、実際、その国家に対し畏敬の念をもって接していた」。しかし彼は、「国家こそが全ての価値の源泉であるということと、国家自体が具現するわけではない価値を国家は保護し、そのための物質的基礎を提供すべきであるということとの間には、大変な違いがあることを強調した」。この区別は決定的であり、国家の役割を維持しながらも、それを究極の価値の源泉とはしないこと、むしろ国家を超える価値を、社会がその内に保持することが必要である。ここにおいて、「ブルジョアジーの自由主義」は、十分な防波堤とはなり得ない。南原は、「自由主義は政治と個人や集団的利益を完全に同一視していたため、政治的共同体は、全てに金が物をいうような寄り集まりになり下がってしまった」と考えていた。必要なのは、人類的普遍性に通じる社会的共同性を、国家に価値が回収されてしまうのではない仕方で奪還することなのだ。

新制大学と一般教養教育

南原にとって、このような国家を超える人類的価値を生み出す場所として、大学、とりわけその一般教養ないしリベラルアーツ教育が、宗教と共に枢要な位置を占めていた。南原は一九四六年二月一一日、あえて「紀元節」の日に安田講堂で催された式典で、「新日本文化の創造」という歴史に残る総長演説をしている。そこで南原は、この国全体が国家至上主義者たちの根拠なき自己過信と独断、欺瞞と恫喝に同調していくのを許してしまった大失敗の原因を、「わが国民には熾烈な民族意識はあったが、おのおのが一個独立の人間としての人間意識の確立と人間性の発展がなかったこと」に求めた。なぜなら、そもそも「人間思惟の自由とあらゆる政治的社会的活動の自由は、この人間意識から生れ出でるもの」である。ところが日本では、個人の思惟の根底が、「国家的普遍と固有の国体観念の枠にはめられ、なかんずく、個人良心の権利と自己判断の自由が著しく拘束」されてきた。国家は発展し、産業も近代化を遂げたにもかかわらず、「人間」は発見されないままだったのだ。明治維新以来、「日本は早くも近代国家の形成に忙しく、一切の営みは挙げて国家権力の確立と膨張に向けられ、文化は国家のために手段視され来たったのである。そこに一旦芽生えたはずの人間性と人間の自己意識は、かかる事情の下に萎縮し、その成長を妨げられた」(『文化と国家』)。

しかし南原は、国家優先の近代化が破局した今、「ヒューマニズム的人間性の解放と独立のみをもっては、いまだ人間の完成をいうことはできぬ」と主張する。人間的思惟の自由な広がりだけでは不十分なのであって、「必ずや人間主観の内面をさらにつきつめ、そこに横たわる自己自身の矛盾を意識し、人間を超えた超主観的な絶対精神――「神の発見」と、それによる自己克服」が求められる。南原が生涯信じたように、「元来「自由」の真義はかかる神的絶対者に結びつくものであって、人はかかる絶対者を本源的なものとして信じ承認するところ」にこそ自由の本源があるからだ。こうした意味で、今必要なのは、新たな超越的な理性への感覚の解放である。「民族宗教的な日本神学からの解放は、単なる人文主義理想によって代置し得られるものでなく、宗教に代うるには同じく宗教をもってすべく、ここに新たに普遍人類的なる世界宗教との対決を、いまこそ国民としてまじめに遂行すべき」ときである。当然、南原は、占領軍が進める民主化にも、また戦後日本を席巻する功利主義にも、その対抗軸たる唯物論にも懐疑的であった。南原が信奉したのは、疑似宗教的な神話化にも、功利的な脱神話化にも抗し、科学者といえども畏敬の念を持ち得るような知的理想主義の精神運動であった。

南原によれば、新生日本が志向すべきは「確然と知性に裏づけられた倫理的＝宗教的な理想主義的文化理念」である。このような理想主義的文化理念の揺籃の場は、どこよりも大学に求められなければならなかった。東京大学創立六九周年の式典で南原は、「大学の理念」について論じている。大学はその誕生以来、キリスト教会と国家という二つの強大な権力に対する自律性を確保する闘争を重ねてきた。ところが「近代国家の発展の過程において、やがて国家が大学を完全に自らの「機関」として包摂し、自己に従属せしめるに至った」。日本の帝国大学創立はその典型であり、大学のミッションは何よりもまず「国家に須要なる」学術の教授と研究であると位置づけられた。日本の帝国大学システムは、概してこの目的に忠実であったが、まさにそれ故に「自ら独立の理性の府であるべき大学が「国家の理性」に自らを隷属の位置におくに至った」のである。南原はこれに続けて、次のような注目すべき発言をしている。

しかも十九世紀後半のヨーロッパはなべて実証主義興隆の時代であり、わが邦明治の文物がその方向をたどって発達し、自然科学とその方法が主調をなしたことは、大学の性格をほとんど決定的ならしめるに十分であった。そこに自然諸科学はもとより、倫理学・法律学・経済学等近代「科学」を成立せしめ、それぞれ専門の「分科《ファカルティ》」の独立がなされ、相まって文明の進歩に貢献したことは、大学の隆昌をもたらしたと同時に、そこに大学の一つの「危機」が孕まれていた。（「大学の理念」、前掲書）

注目すべきは、南原が専門科学の分断的な発展は、大学の深刻な「危機」であると認識していたことだろう。諸「科学」の学部学科専門分野ごとに閉じた発展は、大学の理念にとって破滅的であった。その結果、「人間と世界との全体的統一」が破れ、「大学（the University）」がその名に値する「知識の統一（unitas intellectus）」をついに失うに至ったのである」。これは何も帝国日本の大学でのみ起きたことではなく、二〇世紀世界の大学で起きた、あるいは起こりつつあることである。国土と国民にはかり知れない被害をもたらした戦争が終わった今、日本の大学に求められているのは、この「知識の統一」を大学が取り戻すことである。

南原は、新制東京大学の骨格をデザインする役割を担った総長として、このような「知識の統一」に向けた新しい大学システムの中核に、「一般教養（general education）」の徹底した導入を据えた。旧制高校の雄であった一高を統合することで誕生した東大教養学部は、南原からすれば、単に旧制高校問題の処理で新しい学部が一つできたというレベルのことではなく、新制大学の可能性のすべてがここに賭けられる重大な意味をもっていた。事実、南原は一九四九年七月七日(新制大学の発足は五月三一日)、新制東京大学の第一回入学式式辞で、戦後高等教育改革における、前述の大学四年制への一元化以上に重要な施策として、つまり「その成否いかんに新大学制の将来の命運がかかっている」眼目として一般教養教育の導入を掲げた。

南原が強調したのは、ここに導入される「一般教養」と、旧制高校のエリート文化のなかにあった「教養主義」との本質的な違いである。後者において価値とされていたのは、かつての英米の名門カレッジと同様、教養ある(文化資本を身につけた)紳士の育成であった。しかし、新制大学の一般教養教育が目指すところは、そうした教養主義とは根本的に異なる。そこで修得されるべきなのは、従来的な意味での教養知識ではなく、異なる専門分野を総合する力である。南原は、「現代の学問が、その新しい科学的発見と技術をば、全体のうちに包容し、これに精神的な力を滲透させるのに、いかに無力であるかという事実」を問題にする。なかでも原子力はその典型であり、軍事利用であれ平和利用であれ、「われわれがその研究と利用を、学問と人生との全体的秩序のなかに繋ぎ止めえなかったならば、遂に文明の崩壊と全人類の破滅を招かずにはおかぬ」と、南原は警告していた。この窮状を前に、大学は何をすべきか。

近代科学と人間性をその分裂から救い、大学をその本来の精神に復すにはいかにすべきであるか。それにはまず、個々の科学や技術が人間社会に適用される前に、相互に関連せしめて、その意義をもっと総合的な立場に立って理解することである。これがために必要なことは、われわれの時代が到達したいわば生ける知識の体系について知り、それによってわれわれの世代が共有する文化と文明の全体の構造と意味——世界と人間と社会についての理念を把握することである。

これが時代の教養であって、われわれが日常の生活において、われわれの思惟と行動を導くものは、個々の科学的知識や研究の結果であるよりも、むしろそのような一般教養によるのである。それは一個の紳士とし社会人として何か身につけねばならぬ装飾としての知識ではなく、まさに時代の高さに生きんとする人間生活の基礎的条件であるのである。

(「大学の再建」、前掲書)

ここまで考察を重ねてくると、南原がなぜ、同時代のリベラリストたちと異なり、旧制高校には冷淡で、帝国大学システムを新制総合大学のシステムに転換していくことに熱心であったかが理解できるようになる。南原からすれば、旧制高校のエリート主義は、戦後の高等教育が向かうべき機会均等の流れの障害になりかねないだけでなく、今日必要なのは、旧制高校が謳歌した教養主義とは異質な、新しい一般教養教育の組織化であった。すなわちそれは、「個々の科学的真理をどこまでも探求し追求すること自体ではなくして、むしろすでに知られている知識を各分野、さらには全体にわたって総合し組織化」することである。そのような総合的な知の構造化が求められているのであり、「教養」概念はこの観点から抜本的に定義され直さなければならない。新制大学を卒業する者は、将来いかなる専門家や職業人になるにしても、高度に専門的な知識や技術を文化や社会の全体構造のなかで総合する力を備えていなければならないし、大学で教育に携わる者は、一個の科学者・研究者であると同時に、「言葉の正しい意味においてプロフェッサー（教授）」でなければならない。旧制高校という古い革袋は、もはやこのような新時代の根本的要請に応えられるものではない、と南原は考えていたのだろう。

2　拡張する大学と学生叛乱

大学を「解体」すべし――叛乱する若者と新制大学

新制大学に対する南原の理想は実現されたのだろうか。一九六八年から六九年にかけて全国の大学で吹き荒れた学生叛乱は、この問いへの否定的な回答、すなわち専門知とリベラルアーツの総合についての南原の理想の挫折、戦後大学改革という実験の失敗を象徴的に示していたようにも思われる。六〇年代末の学生叛乱に関しては、すでに小阪修平『思想としての全共闘世代』や島泰三『安田講堂 1968–1969』、長崎浩『叛乱の六〇年代』、四方田犬彦『ハイスクール 1968』のように「あの時代」の当事者の省察から、小熊英二の『1968』のように「回顧という特権を免れている若い世代」(長崎浩)による詳細な分析まで、膨大な数の文献が書かれてきた。本書の観点から確認しておくべきは、この学生叛乱が、新制大学のどんな限界によって増殖され、七〇年代以降の大学「改革」にいかなる影響を及ぼしたのかという点である。つまり、学生叛乱への大学論的な視点からの洞察が試みられなければならないわけだ。

一連の学生叛乱の導火線となったのは、一九六五年一月からの慶應大学での学費値上げ反対闘争であった。それまで慶應大では学生運動はまったく不活発だったが、大学評議会が値上げ案を発表すると、これに対する抗議集会に三〇〇〇人もの学生が集まり、一気に大衆運動化の様相を示していった。六〇年代末につながる叛乱が慶應大から始まったのは、この大学が大きな私大のなかで最も新左翼セクトの影響力が弱かったからでもある。セクトの影響力が強いところでは、支配的なセクトと大学執行部の談合が機能したが、慶應大にはそのような構造がなかったので、逆に学生たちの自然発生的な不満が直接大学執行部に向けて噴出しやすかった。

経営側の値上げ決定から一週間後、学生集会には八〇〇〇人の学生が授業をボイコットして参加するまでになり、その後も参加者一万人を超える全学集会が開かれた。もともとセクト系の活動家が少ない大学で、全学生の約半数近くとも推計される大量の一般学生が雪崩を打って闘争に参加したため、事態はそれまでの新旧左翼勢力の思惑とは異なる展開となった。「直接民主主義」が運動の基調となり、「クラス討議が自治会上層部よりも先に白熱し、それが全塾闘争委員会の決定を左右」した。バリケードで占拠された校舎は自主管理状態となり、「学生たちはまるで学園祭の前日や修学旅行の夜のように、夜を徹して自由に討論し、本音で話しあい、共に食事をし、連帯して行動する楽しみを見出した」という(小熊、前掲書)。

慶應大での闘争に続いたのは、翌六六年の早稲田大での学費値上げ反対闘争である。早稲田にはもともと革マル派(革命的マルクス主義派)をはじめいくつもの左翼セクトがひしめいており、その間の勢力争いが展開されていた。数年前から、大学経営陣と諸セクトの間では学生会館の管理権をめぐる対立が表面化していたが、その時点では闘争が全学化していたわけではなかった。しかし六五年末、経営陣が一方的に学費値上げを決定すると、大浜信泉《のぶもと》総長によるワンマン経営と一向に改善されないマスプロ教育に対して鬱積していた一般学生の不満が爆発し、闘争は全学での長期ストライキに突入した。そしてここでも、「デモとバリケード、泊まりこみや討論は、「現代的不幸」に直面していた学生たちに、生の充実感をあたえた」。つまり占拠した校舎で、学生たちは「大規模な人数で泊り込み体制に入った。キャンパスでは、看板作りのつち音が、夜空にひびき、ところどころでたき火がたかれ、その回りでは校歌や、「インターナショナル」あるいは流行歌の変え歌などが歌われ」ていた。「都の西北」と「インターナショナル」と「流行歌」を混在させる集団的高揚に、この時代の学生叛乱の意識が集約されていたが、それはまた「高度成長の人材育成機関に早大を再編しようとする大学側と、旧来の大学像を守ろうとする学生側との闘い」ともいえた(小熊、前掲書)。実際、早大闘争のリーダーだった大口昭彦は昔気質の早大生で、その礼儀正しさや飾り気のなさには定評があり、学生たちが封鎖した校舎内でも一貫してモラルや秩序が保たれていたという。高度成長に日本全体が浮かれるなかで、大学のモラル崩壊に真っ先に寄与したのは、昔からの大学理念に固執する学生たちよりも、むしろ資金目当ての規模拡大に突っ走った大学経営陣のほうであった。

日大闘争と東大闘争

慶應や早稲田で始まった学生叛乱は、同時多発的に横浜国立大や中央大、明治大などに飛び火し、やがて一九六八年春以降、日大闘争と東大闘争という二つの「紛争」によって頂点に達していく。しかし、当時の学生叛乱を代表するこの二つは、様々な意味で対照的であった。

一方の日大闘争の背景は、規模拡張の矛盾を学費値上げで打開しようとして紛争を引き起こした他の私大と似ており、この矛盾が極限化したケースだった。日本大学は、もともと司法省の山田顕義や帝大系法学者を中心に創立された専門学校で、戦前期まではマンモス大学というわけではなく、法学系名門私学の一つだった。しかし、戦後は高度成長と共に事業規模拡大にひた走り、予算では慶應、早稲田を追い越して六八年に約三〇〇億円、学部も昼間一一学部、夜間五学部、通信教育四学部など二〇学部、総学生数約一〇万人以上の巨大教育産業となっていった。そしてその会頭の古田重二良《じゅうじろう》は、大学職員からたたき上げでトップに上り詰めた人物で、自民党政治家とも太いパイプを形成していた。古田にとって大学は、教育や学問の場である以前にまず経営体であり、営利事業だった。事業を成功させるためにはより多くの入学金と学費、寄附金を獲得することが第一であり、そのためには定員の数倍の学生を入学させ、人件費や施設費は低く抑えて新たに土地を取得して事業拡大に走るのが効率的だった。

高度成長のなかで自民党が長期安定政権を維持し、理工系中心の高等教育拡大政策が推し進められていた。日大の古田体制は、そうした自民党政権と密着し、高度成長がもたらした経済的恩恵を存分に享受する。当然、学びの場としての大学の質は劣化していくのだが、自民党政治家と太いパイプをもち、部下を政界中枢にも送りこんでいた古田に対して文部省は何も口出しすることはできなかった。秋田明大をリーダーとした日大闘争は、巨額の使途不明金が明るみに出た問題をきっかけに、この古田体制に敢然と叛乱の狼煙《のろし》をあげたのである。

他方、医学部卒業生の無給医局員問題に端を発した東大闘争の主要因は、こうした私大で一般的だった学生定員の過剰と利益第一主義から来る教育環境の劣悪さへの批判とは様相を異にしていた。国立大学の学生定員は、高度成長期でも私大への配慮から相対的に低く抑えられていたから、教員一人当たりの学生数では無理のない数値が維持されていた。むしろ、東京大学での学生叛乱の火種は、当初は大学院生・若手研究者レベルの研究室体制にあった。紛争は、医学部内で執行部と医局員や医学部生との対立が激化し、医学部教授会が青医連(青年医師連合)の多数の学生に退学等の厳しい処分を決定したことから本格化する。これに反発した医学部全学闘(全学共闘会議)は、六八年六月一五日早朝、大学本部が置かれていた安田講堂を占拠してしまう。そしてこれに大河内一男総長が強く反発し、学生への説得工作や調停といった本来なされるべき段階なしにすぐさま機動隊導入を要請してしまったのである。

医局員問題は当時の多くの大学医学部が抱えていた問題でもあったが、東京大学の場合、学生団と教授団相互が互いに相手の対応をエスカレートさせる方向で事態が進行していった。大河内総長によるいきなりの機動隊導入は学内に大きな波紋を呼び、学生たちの「当局」への怒りを一気に爆発させる結果となった。彼らは全学ストを呼びかけ、機動隊が入ったのと同じ一七日には三〇〇〇人規模の、二〇日には七〇〇〇人規模の学生が安田講堂前に集結する。まもなく各学部の学生自治会は次々に無期限ストライキに入り、さらに七月二日には安田講堂が学生たちに再び占拠されていった。ここまで火の手が広がってしまうと、もはやそう簡単に収拾できる話ではない。二度目の占拠とともに山本義隆を議長とする東大全共闘が結成され、一一月の大河内総長辞任、翌年一月のスペクタクル化された安田講堂攻防戦へと進んでいく。

一連の「紛争」で生じた諸々の出来事については、すでに挙げた諸著作が詳しい。概していうなら、早稲田や日大で学生叛乱を生じさせた最大の要因は、戦後の私立大学が向かった利益第一主義、過度の学生増による教育の劣化であった。日大はこの路線を最も極端に突き進んだのだが、多かれ少なかれ大規模私大は同様の道を辿った。第一次ベビーブーム世代が厳しい競争を経て大学に入ってみると、そこにあったのは学生を事業拡大の糧としか見ない大学の姿だった。大学紛争を俯瞰するなら、学生たちのほうが大学で学ぶこと、そこで何かをすることを求めており、大学経営陣のほうが事業を「高度成長」させることに夢中だったといえる。そして多くの場合、教授陣は、学生の爆発する不満と執行部の経営方針が激突する狭間で無力だった。日大闘争で学生側は教授たちに、「十年前に比べて学生数は三倍強にふえ、授業料は九倍にあがっているのに、先生は二倍にしかふえていない。校舎は二・五倍しか大きくなっていない」と主張したという（小熊、前掲書）。質の高い教育には十分な教師数と教室環境が必須だから、こんな学生の主張を教授陣も活用し、経営陣と一戦構えられたかもしれない。

他方、東大で学生叛乱を拡大させたのは、まずは理工系の研究教育体制、そのなかのキャリアパスが旧来の体質を脱却できていないことだった。私立大学が、高度経済成長に大学を無節操に適応させて紛争を生じさせたとするならば、東大の場合はむしろ社会の変化に適応してこなかったことが紛争の原因となった。日大の若者の怒りは大学経営陣に向けられたものであったが、若手研究者たちが教授の権威主義を打倒すべく立ち上がった東大闘争がやがて向かったのは、「自己否定」をも含む大学という場の権力構造のラディカルな変革だった。旧時代の大学教授の典型ともいえた大河内総長が悉く事態の変化に適切な対応ができなかったことも混乱を拡大させた要因で、事態打開には加藤一郎総長代行のような新しいタイプの指揮官が必要だった。つまり私大の場合には「新しさ」が、国立大の場合には「古さ」が糾弾されるべき問題の核心にあり、私大の学生たちは大学がその原点に戻ることを、東大の学生たちはそのような古い大学の体質そのものを粉砕することを求めた。しかし、このどちらの場合も学生たちが求めていたのは大学の新しい形であり、彼らが突きつけたのは、戦後大学改革が、結局はそうした新しい形を生めなかったという、すでに述べた南原繁の理想への破産宣告だった。

私学主導の大学膨張路線

日大闘争と東大闘争のここに述べた違いは、戦後に新制大学が置かれていた二つの異なる歴史的文脈によってもいた。一方で、近代日本の私立大学の歴史に注目するならば、戦前から比較的発展が早かったのは、慶應大と早稲田大を筆頭に、明治大、法政大、中央大、日大、専修大、関西大、立命館大、拓殖大などである。これらの多くは明治期に法律系私学の専門学校として出発しており、これにキリスト教系私学として出発した上智大、立教大、同志社大、青山学院大、明治学院大、関西学院大、東京女子大などを加えると、ほぼ戦前期の主だった私立大学の中核が捉えられる。もちろんこれらに、津田塾大や日本女子大に代表される女子専門学校の系譜、國學院大や東洋大に代表される国学的な系譜、さらに皇室との関係が強い学習院大も加えておく必要がある。しかし概していうならば、私学の大勢は法学とキリスト教という二つの知的基盤の上で発達してきたわけで、前者に商学を、後者に仏教や国学を加えることで、その知的伝統の骨格を理解することができる。このような発達の知的基盤は、法学と神学を中核としていた中世ヨーロッパの大学文化を思い出させるが、いずれにせよこれらの私学はやがて戦後を迎え、以上の二〇校程度が中核になって、私立大学急成長の時代に突入するのである。

実際、五〇年代以降の日本の大学の最大の変化は、私大学生数の激増であった。占領期改革によって誕生した新制大学制度は、私学にとっては大学設置の条件が一挙に容易になったことを意味した。たしかに戦前も、一九〇三年の専門学校令、そして一九年の大学令によって私学の制度化が進み、前者で多数の私立専門学校が誕生、後者でそのなかの有力校が私立大学になっていた。大学令施行直前ですでに七二校の専門学校が存在し、その多くは私立であったという。学生数も約四万人と、同時期の官立高等教育機関の学生数を上回っていた。しかし、例外的に豊かな財政基盤を有した慶應と早稲田を除き、多くは経営を成り立たせるだけの学生を集めるのに精一杯であったたし、学生の側も「中等学校卒業者は、浪人をしてでも高等学校をはじめとする官立学校をめざし、それに失敗して後に、ほとんど全入状態に近い私立に入学するというのが一般的」だった（天野、前掲書）。大学令によって、専門学校の「昇格」を中心に二六校の「私立大学」が誕生するが、官立も含めた四八校という大学総数は、戦時期までに二〇〇校を超える専門学校数の四分の一以下であった。つまり戦前から、たしかに私立大学は誕生してはいたのだが、官学の諸学校との間には明白に格差があり、なおかつ私学の大勢は、少数の私立大学の側よりも、その周辺に広がる圧倒的多数の専門学校の側にあったのである。

戦前、私大拡大が制限されてきた大きな要因は、多額の供託金制度と強大な文部省の監督権にあった。すなわち、私立専門学校が「大学」に昇格するには、単科大学でも五〇万円の供託金を国家に預けることが前提とされた。しかも文部省は、設備や専任教員について厳しく設置審査をしたから、結果的に戦前期の私立大学は、質の管理がかなり厳格になされてもいた。

ところがその供託金制度が、新制大学においては廃止されるのである。しかも、新制度では私立大学に対する文部省の監督権限が大幅に弱められ、学校法人の設立や寄附行為、学則の認可において、文部大臣は私学関係者が四分の三以上を占める私立大学審議会の意見を聞くことを義務づけられた。さらに新たに制定された私立学校法は、国や地方公共団体が私立学校に補助金等で助成することを可能にし、様々な私学助成措置が講じられていった。こうして私立大学をめぐる法的・財政的環境は、戦前のきわめて厳しい環境から、幾重にも保護された環境に激変することになった。戦前までは、公的助成がないばかりか厳しい監督を受けていた私立大学は、戦後、「よほどの不祥事でも起こさない限り文部省の干渉を受けないですむようになったうえに、新たに公的助成もうけられるようになった」(草原克豪『日本の大学制度』)。

以上の制度転換を前提に、高度成長期を通じ、私大は大拡張時代を迎える。一九六〇年代半ば、ベビーブーム世代が大学入学の適齢期に達する頃でも、入学者数を志願者数で割った大学の収容力は徐々に上昇し、七割を超えていくが、これは若者の人口増よりもさらに速いスピードで大学の規模拡張が進行したことを意味していた。しかも、国立大学では理工系の拡張はあったものの、文系の学生定員はほとんど増えていないから、大学入学者激増の大部分を吸収したのは私大であった。多くの私大が、教育上の質確保のために必要な限度をはるかに超えて入学者を膨張させた。そのような無責任な利益追求が可能であったのは、そもそも戦後の高等教育改革のなかで私学設置がほとんど自由放任状態になった結果でもあった。

とりわけ一九六一年からの理工系増募計画では、それまで学生定員の変更は文部大臣との協議が必要とされていたのが、事前の届出だけで可能になった。しかもその定員も、政治家とのパイプがあれば、ほとんどその枠を無視して学生を入学させることすら不可能ではなかった。

実際、この定員変更が協議制から届出制に変更される際、これを推進した科学技術庁の背後で熱心に動いたのは、日大会頭古田重二良その人であったという。こうして結局、定員枠が厳しくコントロールされた国立大学とは異なり、私立大学はいったん大学・学部の設置認可さえ受けてしまえば、その後は自由に学科拡充や定員増加ができるようになったのである。これは、新制大学の教育の質の維持、向上という観点からするならば破滅的な選択であった。

理工系の拡張——総力戦から高度成長へ

高度成長期を通じた私大の事業急拡大や学生数の激増により、戦後日本の大学システムの重心は、はっきりと国立から私立へ移っていった。他方、これと並んで生じたもう一つの大きな重心移動は、大学における研究がますます理系中心になっていったことである。一九五〇年代半ば、経済復興への動きのなかで、産業界から大学の理工系人材の養成に強い要望がなされるようになる。これを受けて文部省は五七年、長期経済計画に関連して理工系学生八〇〇〇人の増募計画を実施する。さらに六〇年代、所得倍増政策のなかで、文部省は理工系学生二万人の増募計画の実施を決め、わずか三年でこの目標を達成する。その後もベビーブーム世代の高卒者急増に対応して大学の定員増が行われるが、国立大ではこれが理工系中心に実施され、文系の定員は以前のまま据え置かれたため、全国の国立大学で学生数・教員数いずれにおいても工学系が最大多数派となっていった。大学入学者全体が拡大していたこの時期に、国立大文系の定員増が抑制された背景には、「文系の定員増は私学で引き受けて経営の安定化を図りたいという私学団体の思惑」があったという（草原、前掲書）。結果的に、国立の総合大学では工学系中心の拡大が進み、国立大は実質的に国立工科大になったと揶揄されるほどにまでなった。

しかし、理工系学部や研究機関の拡張が始まったのは、決して戦後ではない。すでに第一次大戦後、日本の科学技術研究は急速に国家との結びつきを強めていた。世界大戦を契機とする科学技術振興の流れのなかで、工学者からの産業政策への発言が活発化し、国家的な科学技術体制を担うテクノクラートが登場してくる。一九三〇年代、とりわけ満洲事変を機に、各地の帝大で理工系拡充が本格化した。一九三一年、医学部と理学部の二学部体制で発足した大坂帝大は、三三年に大阪工業大を吸収して工学部を設置する。三九年には名古屋帝大が設立され、こちらも数年で医学部、理学部、工学部の三学部体制になっていった。同じ三九年、九州帝大理学部が、四二年には東京帝大第二工学部も増設されている。さらに、この時期は附置研究所の設置ラッシュで、多くの研究所が科学技術動員政策の産物として誕生していた。

ついでながら、科学技術政策でも、同時期に大規模助成の流れが本格化する。一九三二年には日本学術振興会が設置され、翌年から科学研究費助成がスタートするが、その助成額は一八年からすでに始まっていた文部省科学研究奨励金の約一〇倍、商工省や学士院の補助金を合わせた総額の三倍以上の巨額であった。しかもこの補助金で工学系の占める割合は、初期の約四割から四一年には約七割まで上昇している。こうして航空燃料、無線装置、宇宙線・原子核、鉄鋼、有機合成、電気材料などの軍事とつながりの深い諸分野が、戦時期を通じて大発展していく。やがてこれらの政策は、企画院と興亜院が中心になった四〇年の「科学動員計画要綱」や四一年の「科学技術新体制確立要綱」へとまとめられていくが、そこでは「科学研究を重点主義により時局目的に集中統合し、各研究機関をして最適とする研究に専念せしむ」ため、研究者と資源の再配分を狙っていた。研究者の養成・配置の計画的強行、研究用資材の確保、科学者の表彰、規格統一と標準化から、科学技術行政機関の創設、科学技術審議会の設置に至るまで、戦時期に確立した科学技術動員体制は、戦後、目標を「戦争遂行」から「経済発展」に転換しながら様々な仕方で具体化されていく体制の原型となっていくのである。

以上の概観は、すでに戦時期から、理工系の学部、研究所、学会、科学技術政策を主導する官僚システムが、巨大な人的ネットワークを形成していたことを示す。敗戦と占領により軍事機構は解体され、保守政治家は一時的に排除されたが、戦時期までの官僚機構は維持されたので、国家的な科学技術政策やそれを支える官僚、大学、学会、そこで専門的な研究に従事する研究者や技術者のネットワークは戦時期から高度成長期まで連続的に維持された。高度成長期の理系中心の大拡張は、決して五〇年代末になって突如として始まったものではなく、むしろ総力戦体制のなかで始まった流れがより大規模化していったものと見るべきである。

当然、このことは人脈や予算体制だけでなく、それぞれの分野での研究体制や教育、キャリアをめぐる考え方も同じように維持されたであろうことを示唆している。すなわち、大学紛争のなかで叛乱する学生たちに糾弾された多くの問題は、戦後に生まれた新しい体制の問題ではなく、帝大時代から積み重ねられてきた歴史に由来するものでもあった。戦前・戦中に由来する多くの大学内の意思決定や研究教育の体制が、戦後は「大学自治」の名の下で大きな構造改革なしに維持されていたから、東大全共闘をはじめとする学生叛乱は、そうした帝国大学以来の「古い」アカデミズムの権力と権威の体制に糾弾の声をあげていったことになる。

学生叛乱のなかで見出された「大学」

六〇年代末の学生叛乱で問われたのは、高度成長に同調して事業拡大路線をひた走る私立大学の利益第一主義と、総力戦期に由来する理工系の研究体制、さらには旧套から抜け出そうとしない大学アカデミズムの権威主義であった。しかし、社会運動はいつもそれ自体のダイナミズムを内包しており、しばしばその参加者は、集団的実践のなかで運動が発生した時点では考えてもいなかった認識の地平を発見する。実際、日大と東大の闘争の原因はかなり異なっていたのだが、闘争のなかで学生たちが生み出していたコミュナルな状況には共通性があった。

島泰三はバリケードのなかに籠城していた頃をふり返り、「日大のバリケードのなかでは、トランペットを吹き鳴らし、ギターを弾いて、フォークソングを歌う学生たちはふつうだったが、安田講堂はその点静かだった。大講堂にはグランドピアノがあり、ときにこれを弾く学生はいたし、折々にコンサートは開かれていたが、いつも歌があったというわけではなかった」と書いている。両大学の文化の違いは明らかだが、それでも島は、どちらの大学のバリケードのなかでも「酒もマージャンもなかった」という。「闘争が始まるまでは、雀荘に入りびたっていた青年たちはまったく変わった。まるで僧堂である」と続けている。前述のように、学生たちは、叛乱することで不真面目になったのではない。事実はむしろ逆で、それまで大学生活を遊び半分に送ってきた若者の多くが、闘争への参加でひどく真面目になっていったのである。たとえば東大では、闘争委員会の学生たちは、「労働運動史」のような科目から数学の「集合論」や「積分論」までの自主講座を組織し、講師を選んで授業を開いていたという。

小熊英二が跡づけたように、この種の自主講座はすでに慶大闘争で始まっていた。学生たちはバリケードのなかで、「カリキュラムを組んで、クラス討論やゼミナールをつくり、闘争の論理のなかから新しい生活の論理を編み出してゆこうとした。各教室に、学校と全く別個に教養課程の講座をつくり、他大学から講師を呼んだ。カリキュラム運動の一つとしてベトナム討論をあちこちで巻き起こし、千人の学生を集めてティーチ・インを行なった」という(中島誠編

『全学連』)。やがてこうした自主講座のスタイルが、横浜国立大において確立する。そこでは学生たちは闘争のなかで自然発生的に読書会を開き、自主カリキュラム委員会が時間割を編成して闘争に使用する時間と勉強のための時間の割り振りが決められていったという。もっともカリキュラム委員会が講座を努力して組んでも、参加者は限られていたし、闘争が長期化するなかで単位も出ない科目への学習意欲を持続させるのは困難だった。また、講座の多くは読書会か外部講師頼みの講演会となり、「講座」といっても知の体系的な学びにはほど遠かった。

このような諸々の限界にもかかわらず、横国大闘争が編み出した「自主講座」は、全国各地の大学闘争に取り入れられていった。それらが目指したのは、占拠したキャンパスでもう一つの「本来の大学」を創り出していくことであった。利益追求と権威主義に凝り固まった大学に怒りを爆発させた学生たちにとって、自主講座は、「彼らが思い描いていた「真の大学」の再生であったと同時に、「現代的不幸」から脱出し自己と「主体性」(アイデンティティ)を回復するための行為だった」(小熊、前掲書)。これは余りにもナイーブな大学観と今からならば思えるかもしれない。それでも六〇年代末、叛乱する学生たちは、消費社会化の傾向を強める七〇年代以降の大学生文化からすればはるかに真摯に「大学」を求めていた。少なくとも当時は、大学が企業への就職のための通過点にすぎないとは考えられてはいなかった。大学はそれ自体で何らかの価値合理性を有するべきであると、当時の学生たちは信じていたのである。

安田講堂での籠城戦と全国各地の大学、それに高校にも飛び火していった学園紛争、さらには学生セクト間の内ゲバが激化し、陰惨な連合赤軍事件にまで至るプロセスをここで論じようとは思わない。重要なのは、それらの出来事を経て、七〇年代半ばに大学は「平穏」を取り戻し、まるで何もなかったかのように日常が営まれていくようになるなかで、自主講座だけはその後も大学やその周縁に生き残ることである。東京大学でいえば、工学部助手宇井純による公開自主講座「公害原論」が代表例である。宇井自身は大学紛争時には留学中だったが、七〇年に帰国後、東大工学部の教室で自主講座を始め、それがその後も一五年にわたり開催され続けることで公害研究や環境運動の担い手のネットワークが築き上げられていった。もう一つ、六〇年代末の自主講座の精神が七〇年代の都市に転出していった例は、高田馬場の貸事務所で運営されていた「寺小屋」(「寺子屋」+「掘建て小屋」の含意)である。そこでは廣松渉や見田宗介をはじめ、七〇年代の大学生たちの関心の的だった教師がそこに集まった若者たちとの対話を続けていた。学生叛乱からこれらの学習運動への流れを論じた安藤丈将は、これらの活動への参加者たちは、「学習のための学習ではない、あるいは学歴社会を勝ち抜くためでもない、社会運動としての学習」を目指したという(「日常性の自己変革の参照点を探して」)。

開かれた知性へと向かうこうした運動では、書くことや語ること、演じることや撮ることによる参加者の主体構築が重視されたが、その学びの主たる現場は、もはや大学キャンパスではなかった。紛争が終わってみると、すでに大学院生だった運動のリーダーたちの多くは、大学研究者としてのキャリアの可能性を失っていた。もう少し若く、制度的には可能性が残っている者も、「大学」の欺瞞性を徹底的に攻撃した後では、その大学に残り続けることが躊躇されることもあった。その結果、多くの知的に優秀な若者が大学の外へ転出していく。彼らはしばしば私塾講師となって生活の糧を得、残った時間を学問的探究や運動の継続に使った。

たとえば、一九六六年に東大に入り、全共闘運動に参加した小阪修平は、闘争の終焉で「現実」に放り出され、茫然とする日々を過ごしながら塾講師をして食いつないでいくが、当時の受験塾には学生運動くずれも多く混じっていたという。受験指導は実力勝負の世界だから高度な思考力を求められる。学生叛乱に没入していった学生たちは、まさしくそうした能力をもつが故に大学に反旗を翻したケースも多かったから、退学した学生リーダーがやがて発展する受験産業で人気講師となっていくのも不思議ではなかった。他方、大学から外に出た活動家が出版の世界で活躍するケースもあり、小阪は「寺小屋」の授業に参加することで編集者と縁ができ、やがて様々な雑誌に記事を執筆するようになっていった（『思想としての全共闘世代』）。

海外の大学では、六〇年代末の運動に加わっていた活動家が、比較的早くから学問の中枢の担い手になっていく動きも見られたようだが、日本でそうした動きが起きるのは遅い。七〇年代、多くの大学は叛乱した学生たちのエネルギーを自己革新の力へは転化させず、大学の外へと排除したし、多くの場合、学生たちのほうから大学を去っていった。そして七〇年代半ばまでに大学には平穏が戻ってくるが、これは九〇年代、「上からの」改革の波が到来するまでの束の間の休息にすぎなかった。七〇年代、闘争参加者に数多くいた有為な若者たちは、まずは大学を見捨て、知識産業や受験産業の世界で新しい流れを作っていったようにみえる。

3　大綱化・重点化・法人化

大学紛争への政策的応答としての四六答申

日大と東大での闘争をクライマックスとして、全国の大学を巻き込んでいった「紛争」とその結末は、その後の大学の変化に大きな影響を及ぼした。七〇年代初頭、「紛争」を深刻に受けとめていたのは教育行政の側も同じであった。そしてこの問題への行政側の応答が、四年間の審議を経て一九七一年六月、かつて「森戸事件」の主人公だった森戸辰男中央教育審議会会長によってまとめられた答申「今後における学校教育の総合的な拡充整備のための基本的施策について」、いわゆる「四六答申」である。この四六答申は、六〇年代末の学生叛乱と九〇年代の国主導の教育改革の中間地点に位置し、九〇年代以降に推進されていく高等教育改革のいくつかの原型を示すとともに、叛乱する学生たちによって問われた戦後教育の限界への、当時の教育行政からの応答であった。実際、本答申に先立つ中間答申では、「大学紛争を契機として、高等教育の制度を根本的に再検討する必要」が明白になったが、「制度上の基本的な課題が未解決であることによって、紛争の根本的な解決が困難」と率直に述べられていた。この応答のなかで、いったい何が九〇年代以降に引き継がれ、何が忘れられていったのか――。答申は、今日の高等教育における「基本的な課題」を、次の五つの矛盾として整理していた。

第一は、高等教育の大衆化と学術研究の高度化の矛盾である。六〇年代を通じ、大学進学率は急上昇し、一九六〇年に一八歳の約一〇人に一人だった大学進学者は、七〇年には約四人に一人となっていた。大学はもはや一部のエリートのものではなく、大衆的に享受されるものとなった。この大衆化は、「複雑高度化する社会に生きる国民が、その能力をよりいっそう開発する機会を求めている」証拠だが、他方で現代の「学術の進歩はめざましく、その第一線の研究を推進する仕事は、とうてい多数の学生に対する教育を担当しながら並行的に行えるものではなくなっている」。こうした相矛盾する傾向に対し、「教育と研究を不可分としてきた伝統的な大学の考え方だけで対応しようとすることは、教育面でも研究面でも不徹底」である。戦後改革により大学に一元化された高等教育は、「教育機関の目的・性格でも、またその内部組織でも、教育と研究に関する要請に応じた適当な役割の分担と機能の分化が必要」である。

第二は、高等教育の内容における専門化と総合化の矛盾である。高等教育が広く普及するなかで、大多数の進学者が期待するのは、古典的な学問の修練よりも、「将来の職業生活に必要な準備としてできるだけ高度の専門性を身につけること」である。他方、「科学技術の急速な進歩と経済の高度成長によって急激に変化し、複雑高度化していく今後の社会においては、さまざまな知識を人間の進歩に役だてるために、専門的な深さとともに、それらの研究成果を広く総合する力が必要」となる。ところがこれまで大学教育の一般的方式であった「一般教育と専門教育とを積み重ねる方法」では、「ともすれば、両者が遊離して専門化にも総合化にもじゅうぶんの効果を収め」られなくなっている。学部前期は一般教育、学部後期は専門教育という積み上げ方式を再検討し、多様な進路に応じた新しい専門教育と、その専門性を縦横に総合していく新しい総合—教養教育を、各大学の特性に応じて再設計していくべきである。

第三は、教育研究の特性と効率的な管理の間の矛盾である。大学では、教員や学生の自発性と創意が最大限尊重されるべきだが、同時に専門の細分化によって組織が複雑化・大規模化してくると、組織全体を効率的に管理する必要も増す。「学生数や施設の規模が巨大化し、専門分野がその独自性を主張するにつれて、学部・学科などの組織がしだいに割拠主義に陥り、全学的な意思をまとめることさえ不可能」になる。こうした欠陥を克服するには、大学が全学で「組織・編制を合理化し、規模の巨大化を防ぐとともに、教育と研究のための組織を再編成し、管理体制を確立して、教育活動の一体的な運営を確保」する必要がある。

第四は、大学の自主性と閉鎖性排除の間の矛盾である。戦後改革を通じ、大学はその研究教育を国家から干渉されずに自主的に行う権利を獲得した。しかし、今日の大学は、直接的な国家の干渉よりも、多額の資金獲得や教員・学生の「政治的・職業的な組織活動」のため、自らその学問的自由を喪失する危機に瀕している。今日、「大学の自主性を確立するためにもっとも重要なことは、大学として明確な意思決定を行い、それを的確に執行できるような体制を整備すること」である。ところがこれまで大学は、学問の自由を金科玉条とするあまり、その本来の社会的使命を忘れて独善的となり、また人事も閉鎖的に流れ、学部間や大学間の協力や産業界、地域社会との連携についても本格的な取り組みをしてこなかった。この大学の閉鎖性を打破するには、「大学の設置形態や内部組織にも改善を加えて、不当な支配や内部的な衰退から立ち直る力が自動的に生まれてくるような制度上の工夫」が必要となる。

最後に挙げられたのは、大学の自発性尊重と国全体としての計画的援助・調整の必要との間の矛盾である。当時、国はまだ私立大学の設置やその規模拡大への有効なコントロール手段をもっていなかった。そのため一部の私大が教育の質を二の次に学生数拡大、さらには授業料値上げに走り、これが大学紛争のもう一つの原因となった。社会全体に高等教育が行き渡るなかで、「国・公・私立の高等教育機関の財政的な基盤に大きな格差があることから生じる多くの弊害を取り除くことは、国としての重要な任務」である。この任務を国が果たすには、大学の設置や規模について「国民全体の立場に立った合理的な計画にもとづいて、望ましい方向へ誘導し、助成する国の役割をはっきりさせる必要」がある。——答申から四年後、私立学校振興助成法が成立して私学の経常費に対する公的助成に道が開かれ、またその付則で私立大学の学科や収容定員に関する学則変更が届出制から文部大臣の認可制に変えられて、私立大学の過度な膨張主義に対して国が一定の歯止めをかける条件が用意されていくことになった。

九〇年代改革の原型としての四六答申

四六答申は、以上の矛盾に対して一三項目の改革策を提案した。それらはいずれも九〇年代以降の大学改革の先触れとなるものだった。第一は高等教育の多様化で、大学全体を「総合領域型」「専門体系型」「目的専修型」という、いわば一般教養大学、研究型大学、専門職大学の三つのカテゴリーに種別化することを眼目とした。第二には、「一般教育と専門教育という形式的な区分を廃し、同時に既成の学部・学科の区分にとらわれず、それぞれの教育目的に即して必要な科目を組織した総合的な教育課程を考える」ことが提案された。第三は教育方法の改善で、新しい情報技術を活用した教育工学的手法の導入や少人数演習や実験、実習の増強が謳われた。第四に、資格認定制度の導入や社会人が履修しやすい教育形態の拡充、海外の諸大学との履修単位の互換化などの必要が強調された。第五に、教育組織と研究組織の機能的な分離が提案され、個別分野に応じた研究組織から分離された教育組織では、教員が細分化された専門を越えて連携し、知の体系を全体として修得させる仕組みの構築が必要とされた。

答申は第六に、博士学位を授与される水準の者を対象にした「研究院」設置、第七に、教務・財務・人事・学生指導等の全学的な重要事項についての学長・副学長による中枢的な企画・調整・評価機能の強化や学外者の大学の管理運営への参画、特定領域の運営上の問題に関する学生の参加までも提案していた。第八に、教員の選考や評価についての学外専門家の参与や研究だけでなく教育面での能力の適切な評価、任期制の積極導入、同じ学校の出身者が採用される数の制限、外国人教員の正規教員としての任用拡大、研究専念期間制度の導入などが提案されていた。九番目には、国公立の大学が「制度上の保障の上に安住し、自律性と自己責任をもって管理運営されるようになることが妨げられている」との認識から、国公立大学の設置形態を改め、「一定額の公費の援助を受けて自主的に運営し、それに伴う責任を直接負担する」法人とすることが提案された。一〇番目以降の提案は、国の財政支援方式の再検討と奨学金制度の改善、高等教育施設や学生の生活環境の改善、大学入試制度の改善などであった。

重要なことは、一九七一年六月、紛争のクライマックスからまだ二年しか経たない時点で、以上のすべてが提案されていたことである。四六答申は、たしかに教育行政を司る側からの政策的応答ではあったが、学生叛乱によって露呈した大学制度の問題状況全体を視野に収め、そこで提起された教育制度上の課題は何か、その解決にはどんな方法がありうるのかを総括していた。しかし、その後の議論は、大学の機能別種別化や管理運営機能の強化等、個別の大学や教員の地位に関わる部分に関心が集中し、教職員はもとより多くの大学本体からも答申の提案は強い反対を受けることになった。やがて「紛争」の嵐が過ぎ去ると、七〇年代半ば以降、日本の大学の多くは問題に蓋をして心地よき惰眠を貪ったのである。

大学を「販売」すべし――規制緩和とサービス産業化

一九七〇年代半ば以降の大学の変化で特筆しておくべきなのは、この時代、「国立」から「私立」への大学教育の重心の移動がますます決定的になったことである。たしかに国立大学に関しても、東京教育大学が筑波大学に転換されていったことは大きな変化ではあった。筑波大学は、学長・副学長の指導体制や研究組織と教育組織の分離など、いくつか法人化後の国立大学の先駆となった部分もある。また、この筑波方式を導入していくつかの単科の医科大学や技術科学大学が創設されてもいった。また、一九七九年には、全国の国立大学に共通第一次試験が導入され、これが九〇年以降の大学入試センター試験に引き継がれていく。これらの大学をめぐる制度的変化については、それぞれの時代に激しい議論があったわけだが、本書の関心の焦点からはややずれる。むしろここでの観点から特筆すべきは、大学教育の重心がますます私立大学中心となり、「国立」の存在意義が薄らいでいくなかで、「大学」がそもそも高級な知識サービス産業の一種であるかのような認識が跋扈していくようになったことであろう。

すでに述べたように、四六答申に私立大学も含めた財政基盤の強化が明記され、同じ頃から補助金の一層の充実を要望する私学団体の声が高まるなかで、国の私学への財政的関与は強まっていった。早大出身者が中核を占める自民党文教族の政治家たちの動きもあり、七五年に私立学校振興助成法が成立すると、八〇年代までに二八〇〇億円もの巨額の補助金が国から私学に流れていくようになる。しかし当初、文部省は、この補助金行政を私立大学の定員・新設抑制に巧みに利用していた。同助成法の付則において、私大学生定員に係る学則変更を届出制から大臣の認可制に転換することに成功したので、以後、私立大学はそれ以前のような無際限の定員増はできなくなっていった。しかも、同助成法は、著しい定員超過に対する是正命令権も国に与え、定員超過は補助金の減額や不交付の理由になったから、七五年から九〇年までの一五年間は大学の入学者数の増加傾向が止まり、私大の定員超過も減少し、結果として伝統的な私立大学の難易度が上昇し、有力大学の質が比較的高く保たれる時代が続いた。

しかし、この同じ八〇年代、キャンパスの平穏さとは対照的に、教育政策のレベルでは、それまでの学校教育制度の根底を覆す「改革」の嵐が吹き始めていた。九〇年代以降の「大学改革」に直接つながるこの動きが始まるのは、一九八四年、中曽根首相肝煎りで内閣に直属する臨時教育審議会（「臨教審」）が設置されてからである。臨教審の出現により、それまで文部省の教育政策をリードしてきた中教審（中央教育審議会）との分立状態が生じ、少なくとも中曽根政権による新自由主義的「改革」案は臨教審が主導することになった。臨教審は、教育制度全般について審議を重ね、八七年一〇月、教育改革推進大綱を閣議決定するに至るが、そのなかで高等教育に関しては、大学の自主的改革促進のために大学設置基準を改正することや大学院の飛躍的充実、高等教育のあり方を審議するユニヴァーシティ・カウンシルの設置などが提案された。そしてこれを受けて同年、文部大臣の諮問機関として大学審議会が設置され、九〇年代に実施されていく「大学改革」への基本的なシナリオが書き上げられていった。

臨教審路線の延長線上で設置された大学審議会がまず策定したのは、いわゆる大学設置基準の大綱化であった。一九九一年二月の答申「大学教育の改善について」により、「各大学で、多様で特色あるカリキュラム設計が可能になるよう、授業科目、卒業要件、教員組織等に関する大学設置基準の規定を弾力化する」ことが提案され、とりわけ一般教育と専門教育の科目区分を廃止し、大学は四年間を通じて一般教育と専門教育を自由に組み合わせたカリキュラムを編成していくことになった。この「規制緩和」は、「一般教育（general education）」という、新制大学設置の際、その新しい教育システムの根幹をなすものとして導入された仕組みを日本の大学教育から撤廃することを実質的に意味していた。当然、一般教育を担ってきた教員からは強い反発があったが、石川忠雄大学審議会会長は、「ここまで多様化が進んだ大学に対して開設科目についての画一的な基準を一律に例外なく適用したのでは、大学の自主的な創意工夫を損なうことになる」との持論で多数の委員を説得していったという(草原、前掲書)。

結果として、設置基準の大綱化、とりわけ一般教育と専門教育の区分の撤廃は、九〇年代の大学組織に劇的な変化をもたらしていった。たしかに科目区分を廃止することが、決して一般教育そのものの廃止を意味したわけではないことは、改正後の大学設置基準でも明記された。大学審議会は、一般教育がもはや大学教育で必要ないと考えたわけではなく、大学は画一的な科目区分に囚われることなく、自由に自らの責任で四年間のカリキュラムを設計すべきだと考えたのだった。しかし、科目の制度的区分としての「一般教育」が廃止されてしまえば、専門教育担当の教員たちから一段低く見られるという差別意識にそれまで強く反発し続けてきた一般教育担当の教員たちが、自分たちの教育の軸足を急速に専門教育側にシフトさせていったとしても不思議ではない。科目区分の単純な撤廃により、多くの大学で教養部が各種の専門学部に衣替えすることになり、これが一般教育の実質的な空洞化をもたらすことになった。

このような大学の教育内容面での規制緩和は、私立大学の定員増に関する規制緩和とも同時代的に起きた現象だった。七〇年代半ばから定員が抑えられることで大学教育の質は比較的維持されてきたのだが、八〇年代末以降、国際競争力のある創造的人材を求める産業界の要請に適応しようと定員増や大学新設の規制緩和が進められたため、「大学」としての学力水準に疑問符がつくような大学や学部までも設置を許される結果となり、そもそも産業界が期待したのとは正反対の結果も生じていく。つまり、第二次ベビーブーム世代が進学適齢期を迎えた九〇年前後、入学定員規制が若干緩和されると、新機軸を謳う私学の設置申請が殺到し、大学の学生定員は一挙に膨らんだ。さらに九〇年代以降、大学入学者数の歯止めはなし崩し的に効かなくなっていき、大学数も入学学生数も膨らんだ。この時代に若年人口はむしろ減少に転じていたわけだから、大学入学者の増加は大学全体の質の低下をもたらさずにはいなかった。

大学はその教室や実験室、キャンパスで学びが共有される空間だから、質の向上も劣化も学生相互に伝染し、相乗的な変化となっていく。かつて大学紛争の時代、大学という空間を共有することで、学生たちはこぞって闘う若者になっていった。九〇年代以降、大学生になるハードルが低くなっていったことは、大学教育のユニヴァーサル化と言えば聞こえはいいが、実質的に大学全体の雰囲気を根底から変化させてしまうリスクを伴った。大学でそもそも真剣に学ぶ気などない学生が増えていけば、学生の「常識」もまた変化し、大学は「学問」とは無縁のテーマパークとなろう。つまり大学は、もはや自由な対話やエリート養成の機関とはほど遠く、「学歴」獲得をほとんど唯一の目的に就職前の若者たちが束の間の休息を楽しむ通過点となったのだとも言われていく。九〇年代以降のこの国の大学は、このような変化を大学のレジャーランド化と言って嘆きながらも、その根底にある市場原理を否応なしに受け入れていった。ここに浸透するのはサービス産業の論理であり、哀れな大学教員たちは「お客様」たる学生を「店」に誘い込む客引きとなり、彼らに教育サービスを提供する労働者となった。

大学院重点化の逆説的帰結

九〇年代以降、大学が突入していったのは、市場原理のなかに「大学」の価値そのものが呑み込まれていく新たな「改革」の時代だった。この「改革」は、もちろん同じ頃から顕著になる新自由主義、国鉄民営化から郵政民営化までの流れに象徴されたグローバルな市場化への国民国家のなし崩し的な対応の一部である。こうして大学は、そこに集まる者が何かを投企する場から、それが提供してくれる機会や学歴を軽やかに消費する場となっていく。

とりわけ九〇年代半ばを過ぎると、それまで学生サイドで起きていた消費的な意識への変化を、今度は大学側が、学生定員充足に向けてのマーケティング戦略によって必死に取り込んでいく動きが進んでいく。一方では若年人口が減少に向かい、他方では大学数やその定員がますます増えていくことで、「大学が学生を選ぶ」時代から「学生が大学を選ぶ」時代への変化が否応なく進んでいったのである。多くの大学で広報活動が活発化し、高校生向けの入試フェアが各地で開催され、教授たちは高校に入学希望者の勧誘のために赴くようになっていった。

九〇年代以降の規制緩和と学生増は、学部生レベルだけで起きていたわけではない。より重要なことは、国主導の大学院重点化政策により、この頃から大学院生数が劇的に増加し始めるのである(図10)。もともと西欧のユニヴァーシティの影響を強く受けていた日本の帝国大学では、米国に倣って形だけは早くから「大学院」を設置するものの、実質的な教育課程としての整備はほとんどなされてこなかった。戦前期、五年制の旧制中学は、戦後の中等教育全体、つまり中学と高校の六年間の教育課程を含み、その後に新制大学の学部前期課程に相当する旧制高校の教育があったわけだから、その旧制高校の卒業者を受け入れる旧制大学は、新制大学では学部後期と大学院の両方を含む教育課程だった。つまり、戦前の旧制大学は、「教育」と「研究」の一致を目指したドイツ型大学と同様、大学院レベルの課程を含んでいたわけで、当然ながらその上に「大学院」を置くことなど「屋上屋を重ねる」ことでしかなかった。ところが占領期改革で、高等教育の課程は下に半段階ずつ下がることになり、「カレッジ」が高校から大学内部に組み込まれる一方、元来の「ユニヴァーシティ」の半分は、「学部」の上位の「大学院」に置き換えられることになった。

問題は、このような「大学」の定義の転換が、実際の大学院教育の転換として実質化されていかなかったことである。たしかに制度面では、一九四九年に大学基準協会等による大学院基準が定められていたが、実質的な大学院の制度化は、七四年に大学院設置基準が文部省令とし

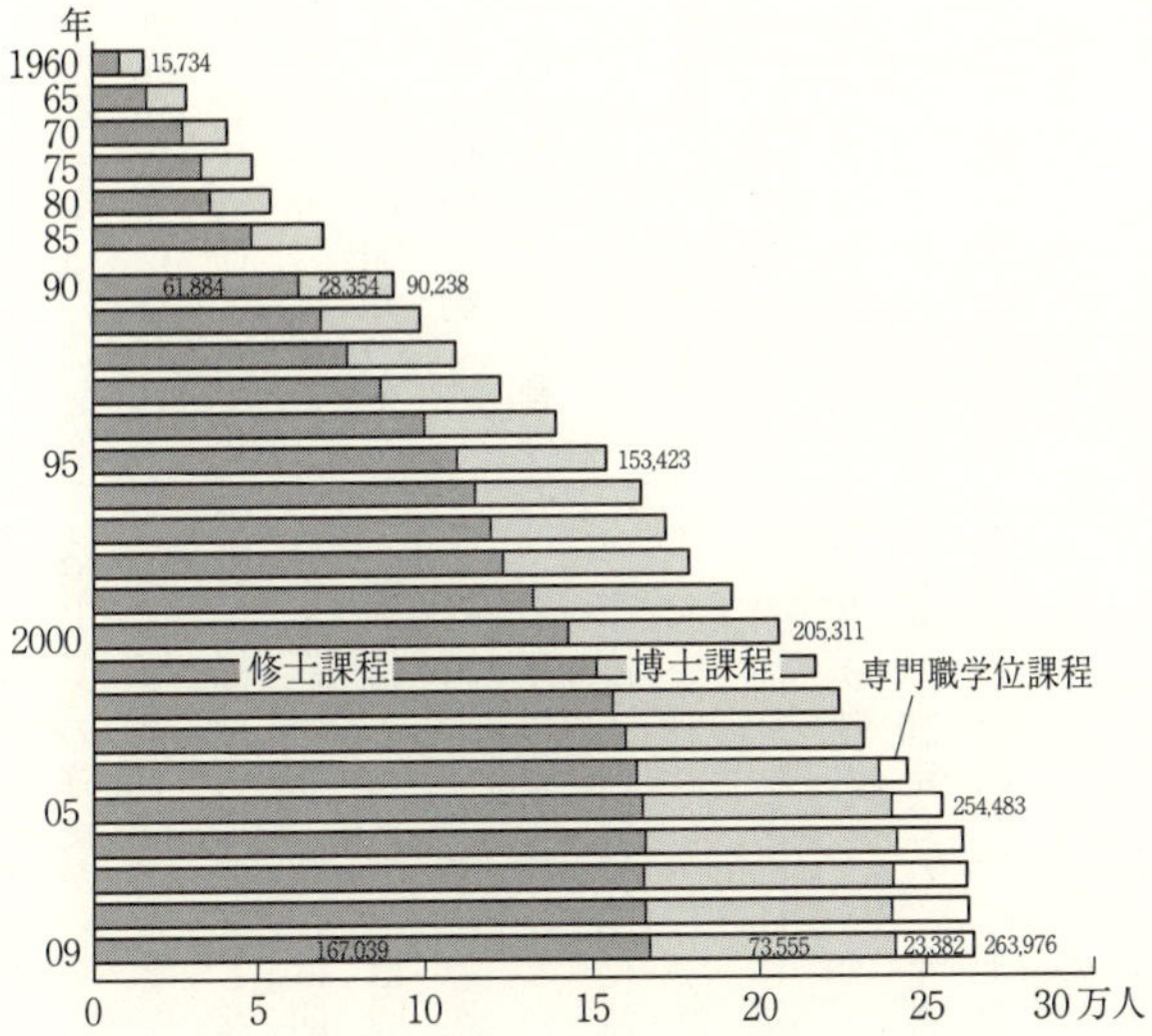

出典：文部科学白書 2009

図 10　大学院在学者数の推移

て定められてようやく整う。しかし七〇年代になっても多くの大学で大学院は学部の付属品でしかなく、大学からすれば教育の中心は学部にあり、大学院は学部を卒業した者が専門的な職業に就くまでの逗留場とみなされることが多かった。大学院の教育がいかにあるべきか、スクーリングと論文執筆や共同研究のつながりはいかに構築されるべきか、学位を得た人材が大学の教職以外の道に進む場合、社会のなかでいかに学位が位置づけられるべきかといった、本来ならば戦後新制大学への転換と共に検討されるべきだった課題は先送りにされてきた。

こうしたなかで、最も早くに大学院教育の拡充に向かったのは工学系である。日本の経済成長を牽引するのは高度な技術力との確信から、六〇年代半ばから国立大学で工学系修士課程の拡充が次々になされ、もはや工学系では、大学院修了者は必ずしも大学教師を目指すのではなく、官民の研究所で先端的技術開発の専門家となっていく傾向が一般化した。工学系の大学院生数は一九六五年から八八年までに修士課程は四・五倍、博士課程は二・八倍に増えている。当然、この増加分の多くは大学教員のポストでは吸収できないから、高度専門職として企業や国の研究機関で働くことになる。当時、大学は急速な学生増に施設の不足や老朽化、教員の過剰負担が重なって教育環境は貧困な状態が続いていたから、優秀な若手は大学院で一定の研究をした後、より条件のいい企業や国の研究機関に流出していった（荒井克弘「科学技術の新段階と大学院教育」）。この状況には、工学系大学院生の就職問題を緩和するというプラス面があったから、拡充される大学院と官民の研究機関の間には相補的な関係が形成された。そして、こうした工学系で先行した大学院拡充の流れが、やがて他の諸分野にも徐々に広がっていく。

一九七四年、大学院設置基準が制定され、学部の上に置かれる大学院だけでなく、特定の学部に基礎を置かない独立研究科や複数大学にまたがる連合大学院、複数学部の修士課程を統合した総合大学院など、新しいタイプの大学院の設置が可能になった。やがて、中曽根政権に先導された新自由主義路線のなかで、より多くの創造的人材の供給を求める産業界の声を受けて大学院設置が容易化され、大学院生数は増加傾向を強めていた。そして、このような流れを決定的にするのは九〇年代からの大学院重点化である。すなわちそれは、一方では工学系大学院における大学院生の増大、他方では若手の高学歴人材と日本の産業技術の高度化を結びたい産業界の期待を受け、「大学院の飛躍的充実」の切り札として打ち出されていったのだ。

しかし、日本で研究者養成が不足気味であったのは一九八〇年代までで、九〇年代に入るともう研究者需要は後退し始めていた。九〇年代初頭に試みられた学術審議会の予測でも、八〇年代までの研究者への需要拡大傾向が終息し、むしろ高学歴層の供給過剰が生じる可能性が高まりつつあることが示されていた（小林信一「若手研究者の養成」）。ところが九五年に科学技術基本法が制定され、ポストドクター等一万人支援計画が始まり、科学技術への重点投資が方向づけられていくなかで、それまでに審議会等での議論や予測とは矛盾する大学院拡張政策が政治的に推進されていった。やがて九八年、大学審議会の答申「二一世紀の大学像と今後の改革方向について」では、実証的分析から適正規模は二二万人、せいぜい二五万人以下と推計された大学院の将来規模が三〇万人規模にまで引き上げられ、大学院生数増加への規制はますます緩和されていった。こうした動きは、大学院重点化の追い風となり、予算獲得のためにあえて大学院の学生定員を増やし、大学院課程を新設していく大学が増えていった。

以上の変化が日本の大学院教育にもたらした帰結は深刻であった。天野郁夫が批判するように、日本の大学院が置かれてきた固有の制度的現実や修了者に対する社会的需要予測、専門分野ごとに異なる高学歴人材のキャリアパスをほとんど無視し、単純に産業界からの要望に応え、米国大学院の平均値に日本の大学院を追いつかせるべく進められた大学院重点化策は、大学予算を自動的に増やせる旨みもあったために各地で安易な大学院設置認可や学生定員増を生み、大学院教育の総体的な質の低下をもたらした。その結果、「機械的な定員の充足と相まって、大学院本来の人材養成機能の強化どころか、一部大学院の「高等補習教育」機関化を招くこと」になっていった(「日本の大学院問題」)。しかも、重点化を通じた若手研究者の過剰創出は、新しい大学教育の仕組みへの構造的改革と結びついて吸収されるのではなく、科学技術志向の大規模競争プロジェクトがもたらす短期的雇用に吸収されていった。そのため雇用不安は表面では先送りされた反面、膨らんだ若い知的エネルギーが新しい大学の安定的な教育基盤としては有効に活用されず、しかも多くは三年ないし五年限りの短期的雇用であったために、任期終盤になると、しばしば当人たちは精神的にも厳しい状況に追い込まれていった。

こうして今日、大学院は、九〇年代以降の日本の高等教育政策の失敗が集約的に現れる場所となっている。八〇年代までの日本では、大学院は稀少なものであるが故にそれなりの水準が維持されてきたのだが、九〇年代以降、大学院進学率は大幅に上昇しても、この変化に対応すべき社会の変化がほとんど起きなかったため、研究者養成と専門職業人養成の両方の機能が曖味化されて「蛇蜂取らず」となった。一部大学院ではすでに大学院修士の学力水準が学部後期課程の学力水準を下回る現象も珍しくなくなりつつある。また、多くの大学で学部入試よりも大学院入試が相対的に低いハードルとなったため、最終学歴をより偏差値の高い大学の大学院卒にしようとする「学歴ロンダリング」現象も生じている。これは国際的に見て異様な状態であり、これに続くのが日本の高等教育全体の信用失墜となることは目に見えている。

国立大学法人化の現状

二〇〇四年、日本のすべての国立大学が法人化された。その直接の発端は、一九九六年、橋本政権下の行政改革会議で国の機関の独立行政法人化が審議され、国立大学も独立行政法人となるべきとの議論が浮上したことに始まる。文部省も国立大学協会もこぞって反対の声を上げるが、行革会議では東大、京大の先行的独法化という議論も飛び出して政府内部でも意見の対立が続く。結論が出ないまま九八年になると中央省庁等改革推進本部で国立大学の独法化が再び議論され、今度は文部省も独法化のあり方を検討すると明言し始める。さらに自民党文教部会が独立行政法人通則法をそのまま適用するのではなく、新たに国立大学法人法を定める方向の検討を始める。他方、九八年七月に政権を継いだ小渕内閣は、国家公務員を一〇年間で二〇%削減すると表明し、国立大学教職員の非国家公務員化が喫緊の課題となっていった。

二〇〇一年、小泉政権成立と前後して省庁統合、経済財政諮問会議や総合科学技術会議の設置と、矢継ぎ早に新自由主義の政策が打ち出され、危機感を強めた文部科学省は、①国立大学の再編・統合を大胆に進める、②国立大学に民間的経営の手法を導入する、③大学に第三者評価による競争原理を導入するという三つを柱とする「遠山プラン」を発表し、法人化を受け入れながらも文科省と国立大学の関係を維持する両睨みの方向で主導権を握っていった。

以上の概括から、少なくとも三つのポイントを確認できる。まず、国立大学法人化は、九〇年代後半からの「小さな政府」を目指す新自由主義政策の一環であった。第二に、当初は文部省、大学執行部、大学知識人がすべて反対していたが、徐々に戦陣が崩され、文部省、国立大学は真っ向からの反対が困難な状況に追い込まれた。第三に、最後に主導権を握ったのは自民党文教族や文部科学省で、二〇〇一年の遠山プランはその後の流れの基調となった。

これらのポイントに、次のような法人化前後に国立大学予算に起きた出来事を加えると、事の相貌はより明瞭になる。すなわち、一方で二〇〇〇年、長く国立大学予算の根本をなしてきた積算校費制が廃止され、教育研究基盤校費という大枠に組み換えられた。つまり、それまで大学予算を枠づけていた諸々の細かな区分が消滅し、予算をどのような基準でどれだけ各学部・学科・講座等に配分するかは各大学に任されることになった。また、基盤校費が圧縮されていくのに応じ、科学研究費や特別教育研究経費のような競争的資金が増強されていった。そして法人化後には、国立学校特別会計制度が廃止され、国立大学法人の基盤的予算は運営費交付金に一本化され、この交付金に毎年一％の減額が課せられていった。各大学はこれを各組織の「効率化係数」として課していったので、新たに事業を展開して予算を獲得するのでなければ、すべての学部や研究科は継続的に定員削減をしていかなければならなくなった。

以上のように、法人化によって国立大学に生じた最大の変化は財務上の変化であった。たしかに意思決定や組織の構造も大きく変化した。大学運営の中枢は学長と数人の理事が担うこととなり、学外委員が参加する経営協議会や監事も置かれていった。表面上は、海外の大学や民間財団にも似た体制が取り入れられたのだが、法人化から五年以上を経ても、多くの大学で新しい運営体制を生かしていくための試行錯誤が続けられている。財務構造にすでに劇的な変化が生じているのに比べ、組織運営のあり方があまり変化していないように見える最大の理由は、事務組織や職員の意識と能力が新しい体制に追いついていない点にある。法人化したからといって、組織のメンバーが入れ替わるわけではないから、諸々の大学での実務は旧来の慣行に従い進められることが多い。そうしたなかで、財務上の変化が先行し、法人化とは要するに予算の自由化、安定的な保証の解除だったのだと結論されかねない状況である。

大学は誰のものか――公社化から法人化へ

国立大学法人化に至る発想はしかし、すでにCIE顧問イールズが試みた大学理事会案や、文部省が制定しかけた大学管理法案など、占領期の改革政策まで遡ることも可能だし、さらに、より野心的な展望をもって国立大学の公社化を提案した永井道雄の構想もあった。永井は一九六二年、雑誌『世界』に「大学公社」案を発表し、国立大学の事務機構と財務基盤の国からの独立と責任あるマネジメント体制の確立を訴えた。

〔大学公社は〕現在は主として文部省にふくまれている大学関係の事務機構をすべて移した独立の組織である。「公社」の予算の大半は国費であるが、現在の大学予算のように一般会計のなかにふくまれ、しかも文部省の監督をうけるのではなく、これを特別会計として計上し自主的に管理する。「公社」には中央の機関をおき、各大学はこれに所属する。「公社」を運営する最高の機関は、二十名をこえる大学審議会であり、この審議会が「公社」の長を選出する。審議会は大学の代表者のほか、大学外の学識経験者によって組織され、その機能としては、学術教育の長期計画、予算配分の決定、大学基準の決定と実施、各大学に対する助言・指導などを行う。（「「大学公社」案の提唱」）

永井にとって国立大学の公社化とは、日本の国立大学に「今日行われている大学の自治よりも、はるかに強い実質的基礎をもつ自治の権威を確立する」ことであった。戦後を通じ、国立大学の教授も学生も、繰り返し「大学自治」の擁護を訴えてきたが、事務機構と財務基盤が国に従属したままでは、大学が実質的な自治権を有しているとは言えない。つまり日本の大学関係者が「大学自治」と言ってきたのは、研究教育だけの「自治」で、事務や財務の裏づけを欠いている。国立大学が真の自治権を確立するには、「事務と財務を掌握した独立の組織」が必要である。それにはまず、大学自らが責任あるマネジメント体制を確立しなければならない。

永井はこうした革新的アイデアを実際の大学法人化のほぼ半世紀前に提示し、自らが文部大臣になってもなお実現しないこの大学の「真の自治」を希求した。彼は、日本の大学の問題点として、総合的計画性の欠如、大学基準の低下、学閥と学歴主義に代表される不当な秩序の固定化、甘すぎる成績評価、文部省の無計画性などを挙げ、様々な現代的困難に大学が立ち向かうには、総合的に計画を立案し、これに責任を負う組織が大学のなかに必須だと主張した。戦後の大学では教授会自治が意思決定の基本とされてきたが、教授会自治は巨大化する総合大学の現実からすればとっくに時代遅れである。日本の大学の現状は、社会が複雑な巨大都市となっているのに、昔からの村社会の掟を固く守り続けているようなもので、これではそれぞれの個人や組織の利己的な行動を規制できず、全体は混乱するばかりである。

こうして永井がアメリカの大学を参照しつつ新しい大学の姿として示したのは、次のようなものであった。まず、研究と教育に関する限り、今後とも教授たちが自由な権利を有するべきだし、学生も学習と学生生活の設計についての自由を享受する。他方、「大学の移転、統合はもとより、それぞれの大学の特色をどのように強化するか。巨大な大学の総合的運営、研究や教育を有効にするための環境の整備、建物や施設あるいは学寮などの拡充、カリキュラムの構成、その他財政的な裏づけや規則の起案など、広く「計画および経営」を担当する組織をつくり、これを強化」すべきである(『未完の大学改革』)。つまり、大学の経営戦略的な機能は部局の教授会から分離し、専門的組織に委ねるべきである。そのために教育行政組織の強化が必要であり、教授会は教育と研究、人事などについての審議に集中し、大幅に負担が軽減される。

永井の半世紀前の提案と国立大学法人化を比較すると、たしかに理事会を大学最高の意思決定機関とし、そこに学外の有識者を含めていくことは、多くの国立大学法人で実現している。他方、永井がこだわった大学財務の特別会計化は、大学公社案発表後に一度は実現した後、法人化によって逆に掘り崩されていった。さらに、永井が最も強調していたにもかかわらず、国立大学法人化では具体的な仕組み作りに至らなかったのが、教授会自治から分離された一部機能を大学の教育行政組織が総合的に担い、責任を負っていく体制の確立である。永井は未来の大学を、①学生、②教授会自治、③専門的計画・経営組織、④最高の審議・執行組織の四つのセクターの連携や調整を通して実現すべきと考えていたが、このうち日本で最も未発達なのは、三番目の専門的計画・経営組織であった。そして、永井の提言から半世紀近くを経てもこの状況は変わらないまま、財務面中心の法人化＝市場化の波が全国の国立大学を襲ったのである。

永井の公社化案から学生叛乱を経て四六答申、そして上からの「改革」というように、この半世紀に及ぶ大学改革で問われ続けたのは、「大学は誰のものか」という問題だった。かつての帝国大学では、この問いへの答えは明白だった。大学は国家のためのもので、それはすなわち天皇のためのものだった。新制大学で、当然ながらこの前提は否定された。それでは戦後、大学は「国民のため」のものになったのか。しかし、戦後の大学を特徴づけてきたのは私立大学の利益目的の大拡張であり、理工系の規模拡大であった。その結果、大量の品質保証された「会社員」や「技術者」が養成された。つまり戦後の大学が貢献したのは、経済成長に突き進む企業社会であった。それなら大学は、「天皇」のものから「企業」のものになったのか。しかし、他方で大学は、企業が求める有用性からはずれる教養知を保持し続けた。そのような知を擁護してきたのは大学教師たちであったから、大学はその教師たちのためにあったことになるのだろうか。彼らは、国家という主人が消えた大学で、自ら主人となったのだろうか。

六〇年代末の学生叛乱は、これらのいずれとも異なる仮説を立てた。彼らからすれば、「大学は学生のもの」だった。たしかに、バリケードのなかの「もう一つの大学」は、学生たちのものであった。しかし、四六答申も、永井の公社化構想も、大学を学生たちのものだとは考えてはいない。学生は大学の不可欠の担い手だが、大学は彼らのためだけにあるのではない。学生が大学の究極の主人であるとすると、かつての「闘う学生」の時代はともかく、八〇年代の「消費する学生」の時代には、大学は移り気な消費者のためのサービス財になってしまう。

だから大学が、単に国家のものでも、国民のものでも、産業界のものでも、教師たちのものでも、さらには学生たちのものでもないとするならば、大学はいったい誰のものなのか。すでに見たように、カントやデリダ、あるいは南原繁など、近代的大学概念の転換点に直面した思想家たちは、この問いに一定の答えを与えてきた。彼らが主張したのは、なんらかの人類的普遍性である。大学はこれまでも何度かの危機に際し、目前の関係者の利害を超える普遍的な価値を標榜してきた。そして中世から近代への境目、あるいは現在のように、この価値への信憑が失われるとき、大学は重篤な危機に直面してきた。この普遍的な価値への志向を保持し続ける限りにおいて、大学は完全には法人になりきることができないが、しかし法人としての大学は、そのような価値を顕示し、それに支えられるのでないと、どこにでもある知識サービス産業と変わらないものになってしまう。社会に適合した法人の持続可能なマネジメントと普遍的価値への奉仕、この両面を未来の大学はいかに組み合わせていくべきなのだろうか。

終章　それでも、大学が必要だ

大学の窮状　国民国家の退潮

さて、そろそろ本書の冒頭で提起した問い、「大学とは何か」という問いに答えるべき時であろう。本書ではこれまで、①キリスト教世界と中世都市のネットワーク、それにアリストテレス革命を基盤とした大学の中世的モデルの発展、②印刷革命と宗教改革、領邦国家から国民国家への流れのなかでの中世的モデルの衰退と国民国家を基盤とした近代的モデルの登場、③近代日本における西洋的学知の移植とそれらを天皇のまなざしの下に統合する帝国大学モデルの構築、という三つの大学モデルの歴史を検討し、④近代的モデルのヴァリエーションとして発達したアメリカの大学モデルが、敗戦後の日本の帝国大学を軸とした大学のありようを大きく変容させていくなかで、どのような矛盾や衝突、混乱が生じてきたかを概観してきた。

今日、世界の大学の標準型となっているのは、一九世紀末以降に発展したアメリカの大学モデルで、リベラルアーツ教育を徹底するカレッジの上に修士・博士の学位取得システムを構造化したグラデュエート・スクールが乗った形態である。それは中世的モデルとも、狭義の近代的モデル、すなわちフンボルト型大学とも異なるのだが、爆発的に拡大した大衆社会が欲望するベーシックな大学教育へのニーズと、高度に専門化した産業システムの人材需要の両方によく適合しているため、単にアメリカの軍事経済的覇権という理由からだけでなく、現代社会のより深い構造的な理由から高等教育のグローバル・スタンダードとなってきた。

ところが日本の多くの大学は、帝国大学の修正版である旧七帝大も、様々な官立専門学校が統合されたり昇格したりして誕生した他の国立大学も、戦後になって急成長した多数の私立大学も、実際にはこのアメリカ式モデルと一致しない。それはむしろ、様々な制度を折衷させた結果の姿である。日本の大学の発展は基本的には加算式、つまり古いものを残しながら新しいものも付け加えていくやり方で進んだので、今日の姿には、私塾、帝国大学、専門学校、新制総合大学、アメリカ式大学院などあらゆる要素が混在している。しかも、未来の大学の姿についての抜本的な指針が打ち出されないまま、九〇年代以降の大学は、規制緩和の流れのなかで国家との結びつきをあいまいにし、同時に学校数、学生定員、大学院課程のなし崩し的な拡張を重ねてきたので窮状はますます深まっている。そのように迷走する大学の教育力を社会もそう簡単に信用するはずもなく、今日の大学教師は、着地点が見えないままに社会との関係改善、つまり産学連携や学生の就職支援、地域やメディアとの連携に駆り立てられている。

このような状況のなかで、「大学とは何か」という問いに答えることは、決して歴史を概括して「中世型」「近代型」「帝大型」などの過去にあった大学概念の平均値を析出してみせるだけのことであってはならないし、また他方、アメリカの教育学会などで受け入れられている最新理論を、専門家よろしく日本に「輸入」することであってはならない。むしろ私たちは、未来に向けて命がけの跳躍をしなければならないのである。すでにある大学概念を整理することで終わるのではなく、そのような努力を重ねながらも、現在の状況に有効に介入しうるような新しい大学概念を、歴史と未来の中間地点に立って再定義していくこと、これである。

今日、大学を再定義していく上で、最も根底的で持続的な変化の位相は何か。それはおそらく、国民国家の退潮である。すでに述べてきたように、一度はすっかり時代遅れとなった大学が、一九世紀に忽然と再生を遂げたのは、勃興する国民国家の後押しがあったからである。ドイツがリードした近代ヨーロッパにおける大学の発展も、帝国日本での大学の発展も、その内実の大きな差はともかく、国民国家を基盤とすることなしにはあり得なかった。大学教師や学生たちは、やがて「学問の自由」、つまり国家からの学知の自律を強く主張したが、そのような主張が可能だったのは、そもそも大学が国家に支えられていたからであった。

ところがこの近代以降の大学概念の根本的な基盤であった国民国家が、徐々に力を失いつつある。無論、これには活発な論争があり、国民国家の力が一気に弱まるわけではないこともわかっている。それでも一〇〇年、二〇〇年単位の射程で考えるなら、国民国家の時代は終わりつつあるのである。ここで考えるべきなのは、大学は、果たしてどこまで国民国家と一体なのかという点である。たしかにフンボルト型であれ、帝国大学型であれ、近代的大学概念を国民国家と切り離すことは難しい。しかしすでに今日のアメリカの大学は、国民国家というよりもグローバルな資本制と連動してポスト国民国家型の社会でますます勢力を伸ばしているし、そもそも中世の大学は国民国家を知らなかった。大学という存在は、本来は国民国家とは異なる場所から出発しているのだ。だから当然、私たちは国民国家が退潮した先の大学概念を、必ずしもすでにあるアメリカ型や中世型のモデルにとどまらない仕方で構想できるはずである。

ポスト中世的大学モデルへ

新しい大学概念の照準をこのように定めると、既存の大学概念のなかで最も参考になりそうなのは、もしもアメリカ式のグローバル・スタンダードでないとすると、ヨーロッパ諸国が進めている「ボローニャ・プロセス」のタイトルがいみじくも示すように、中世の都市ネットワークを基盤にした大学概念であることがわかる。大学の中世的モデルが、その近代的モデルや帝大的モデル以上に未来への跳躍の参考になるというのは次の三つの理由からである。

第一に、中世の大学は移動性を基盤とし、多数の都市が学生や教師の絶え間ない移動を媒介にトランスローカルに結ばれることで発展した。大学を誕生させたのは都市をハブとする移動する人々のネットワークであり、これこそが都市の自由を支え、学問の自由の源泉ともなっていた。私たちもまた今日、世界で多数の大学が、ますます国境を越えて都市間で緊密に結びつくプロセスにいる。すでにここ一〇年ほどでも、ヨーロッパ諸国のみならず、韓国、台湾、シンガポール、中国の学生たちが急激に国外の諸大学を旅するようになってきた。日本の学生たちだけが、こうした流れの埒外にいることはしばしば問題にされる通りである。

第二の理由は、中世の大学の汎ヨーロッパ的な共通性である。すでに述べたように、中世の大学では、ヨーロッパのどこでも教授言語はラテン語だったたし、資格も通用した。知識の基盤が共有されていたから、教師も学生も都市から都市へいくら移動しても、同じ知識や論理、資格を通用させていくことができた。同じように今日、高等教育のアメリカ化のなかで、学術言語としての英語の世界化、学位や評価システムの国際標準化の動きが強まっている。重要なことは、これを単なるアメリカ式システムへの一元化として捉えないことである。たとえば英語化にしても、日本、韓国、中国の学生が知的交流を進めるのに、英語でのコミュニケーション能力は必須である。共通言語としての「英語」は、共通通貨としての「ドル」に似ているが、それ以上の可能性を内包している。なぜならば、世界の実に多様な文化と歴史的背景を有した学生たちが英語で直接、議論し、プロジェクトを共有するなかから、単純な「英語支配」などという紋切り型には収まりきらない無数の新しい知がすでに生まれつつあるのである。

しかし、未来の大学の参照系が中世的モデルであることの最も重要な理由は、実は以上の二つのいずれでもない。すでに論じたように、中世ヨーロッパに大学を誕生させた知的基盤は、キリスト教世界とイスラム経由でヨーロッパに再流入した古代ギリシアの知、とりわけアリストテレスとの出会いであった。それまでキリスト教が、神に向かう垂直軸において知の普遍性を統べていたのに対し、アリストテレスの知はむしろ水平面に沿って体系化されており、この宗教性と世俗性の緊張感ある出会いのなかでリベラルアーツが再生し、またそれが生んだ舞台の上で数々の卓越した大学教師が活躍した。近代日本においてすら、森有礼や南原繁が果たした役割に見られたように、プロテスタンティズム的な神への志向は、この国で大学が発展していく決定的なモメントとなった。学問の場としての大学は、その本質において普遍性を志向するのであり、この普遍性は、一神教的な神への次元とアリストテレス的な自然への次元、いわばヘブライズム的次元とヘレニズム的次元が交差するなかから誕生したものである。

学知の領域で考えるなら、大学は誕生以来、自由学芸としてのリベラルアーツと専門知としての神学、法学、医学の対抗的連携のなかで営まれてきた。カントのいう「下級の学部」と「上級の学部」である。神学も法学も医学も秩序の知で、様々な矛盾がひしめき合うなかで、いかに秩序を保ち、その状態をマネジメントしていくかという問いに対する答えを、神の秩序と社会の秩序、そして人体の秩序の三つのレベルで提供してきた。やがて「オッカムの剃刀」によって科学が自由学芸から分離し、発見・発明・開発の専門知に発展していく。無数の新しい発見や発明がなされ、革新的な技術が開発され、人類の歴史を変えてきた。そして今後も、大学をも呑み込んでしまうほどに巨大化した科学技術体制のなかで、新しい発見や発明、技術開発は続けられていくだろう。しかし、今日全人類が必要とし、世界の大学教育が推進しようとしているのは、そうした個々の発見や開発に向かう知だけでなく、むしろ諸々の矛盾する要素を総合的に結びつけ、安定的な秩序を創出するマネジメントの専門知なのではないか。

今後数十年、それどころか数百年にわたり人類が取り組むべき重要課題は、すでにどれも国境を越えてしまっている。環境、エネルギー、貧困、差別、高齢化などから、知的所有権、文化複合、国際経済、国際的法秩序まで、すでに学問的課題において国民国家という枠組はまったく前提ではなくなっている。立場の如何を問わず、好むと好まざるとにかかわらず、今後、ナショナルな認識の地平を超えて、地球史的視座からこれらの人類的課題に取り組む有効な専門的方法論を見つけ出すことや、それを実行できる専門人材を社会に提供することが、ますます大学には求められていくであろう。――しかし、それはいかにして可能なのか。

かつて発見・発明・開発の知は、人類の外部、まだ発見されていない未開拓のフロンティアが存分に残っていた時代には、世界を拡張し、未来を創造する機軸とされてきた。そのような発見・発明の技術を使って、西洋近代のまなざしは地球上の、宇宙の、さらにはミクロの外部に向けて拡張されてきた。しかし今日、多くの分野で知の飽和化が進んでくると、すでに膨張した既知の諸要素は、互いに矛盾し、衝突し、問題を発生させながら拡散していく。次世代の専門知に求められているのは、まったく新しい発見・開発をしていくという以上に、すでに飽和しかけている知識の矛盾する諸要素を調停し、望ましき秩序に向けて総合化するマネジメントの知である。このような専門知を発達させるには、既存分野の枠内に異分野の要素を取り込むようなやり方ではだめで、そうした枠を超えて新たな専門知を創出していく必要がある。それと同時に、近代国民国家と連動してきた「教養」ではなく、むしろ中世の「自由学芸」に近い新たな横断的な知の再構造化が、ここに要請されてくるはずである。

新しい「印刷革命」と大学の知識基盤

中世的な大学はしかし、いくつかの点で未来の大学概念の土台とはなり得ない。このことが最も明白なのは、メディアとしての大学という次元においてである。これもすでに論じてきたように、中世的大学とグーテンベルクによって開発された出版メディアの関係は緊張を孕んだものであった。一六世紀以降、大学は出版が可能にした新しい知の地平を自らの内に取り込んでいくことができず、それが中世的大学の力を失わせていく一要因となった。一七、一八世紀の知の基調を形づくっていったのは、デカルトやスピノザ、ライプニッツ、ロック、ルソーといった何人もの「偉大な著者」で、そのような著者たちが登場するには出版システムの興隆が必要だった。そして幕末から維新期にかけて日本で立ち上がった志士たちのネットワーク、そのハブとしての私塾文化も、広い意味ではそうした出版によって可能になった新しい知識運動の一部であった。緒方洪庵、佐久間象山、勝海舟、福沢諭吉といった人々にとって、蘭書や英書を翻訳する作業がどれほど重大な意味をもっていたかはすでに論じた通りだが、それらの書物は西洋で印刷され、その出版システムを通じて流通していたものだった。

明治以降、日本の大学は西洋から移植された知を天皇のまなざしの下に統合する帝国大学モデルに収斂していくが、そうした公式の大学制度の外縁には、出版システムを重要な基盤とした翻訳する知識人とその私塾のネットワークが広がっていた。明六社から明治文化研究会、さらには昭和初期の唯物論研究会や戦後の思想の科学研究会まで、近代日本では実に多くの、そして知的想像力に富んだ「研究会」が立ち上がっていった。このような知の仕組みを可能にした最大の基盤は出版で、江戸時代からの識字率の高さや書店文化にも支えられて、近代日本で出版産業とその読者層は世界史的にも稀に見る教養文化圏を形成してきた。つまり幕末から戦後に至るまで、近代日本において出版システムは、おそらくは制度化され徐々に大増殖していった大学以上に、この国の教養主義の基盤の役割を果たしてきたのである。この国では多くの知識人が、戦後になっても独学で高い学識と評価を得ていくことが可能であった。

もちろん、近代にあっては大学も、中世の大学のように出版文化の繁栄を手をこまぬいて傍観していたわけではない。近代以降の大学は、第一に、教師たちが出版界の主要な「著者」となることによって、第二に、学生たちが出版された本の主要な「読者」となることによって、第三に、大学が専門的な図書館を備え、大量の出版物の半永続的な収蔵庫となる役割を引き受けることによって、最後に、大学自身が出版社を設立することによって、出版文化との間に相互補完的な関係を保ってきた。一八世紀まで、「偉大な著者」が大学教師であることは稀であったが、二〇世紀初頭までに多くの「名著」が大学に在職する「学者」によって書かれるようになっていった。ちなみに一九世紀半ばに活躍したカール・マルクスは、新聞と出版、図書館を利用しながら自身の思想的達成を遂げたのであり、マルクスの名声は大学とは関係がない。しかし、世紀末に著書を残したマックス・ウェーバーは、若くしてフライブルク大学正教授となった人だった。二〇世紀を通じ、学生たちは、教授の著書の変わらぬ読者であり、有名大学の周辺には書店街が生まれ、なかでも東京・神保町には世界屈指の一大書店街も形成された。

このように一九世紀末以降、著者、読者、図書館、出版社のいずれの次元においても、大学は、出版メディアが大学文化を取り込んでいったのと同じ程度に、出版文化の諸要素を取り込んできた。アメリカの大学はかなり早くから出版を内部化し、大学が自ら学術の発信者たろうとしてきた。一八九二年、シカゴ大学に大学出版部が設立されて以来、大学出版はアメリカで学術出版の中核をなしてきたのである。日本の場合、大学自身が学術出版社を設立していくようになるのは、南原繁によって戦後、東京大学出版会が設立されたあたりからだが、しかし考えてみるなら、すでに福沢諭吉は初期から時事新報社を設立し、義塾の運営と新聞社の運営を自身の知的活動の両輪と考えていた。大隈重信も言論の人であり、初期の私学と自由民権運動の水面下の結びつきは強く、今日風に言うならば、いわばネット・ジャーナリストの集合のなかから無数の私学が立ち上がっていったようなものであった。帝国大学を軸に据えるなら、アメリカの大学出版をモデルに日本に大学出版が設立されていくのは戦後だが、そもそも日本の大学は、新聞・出版の海のなかから浮上してきた島であったとすら言いうるのである。

それにもかかわらず、今日において、大学と出版の結びついた複合体の全体が、新しいメディア状況のなかで危機に瀕している。今日、インターネットのグローバルな普及を前提に、私たちの知識の蓄積や流通の最も重要な基盤は書棚や図書館の書物からネット上のデータベースやアーカイブに移りつつあり、そこでは検索型の知識基盤が強力に作動している。今日の学生たちは、授業のノートからレポート、論文の作成までをネットによる媒介に依存しており、もはや教室も書物も二次的な役割しか与えられなくなりつつある。すなわち授業の情報は携帯電話やパソコンのメールで随時交換され、レポートや論文までも複数のウェブサイトから入手された情報が巧みに編集されて提出されるケースが増えている。本を購入するのに書店まで出かけ、図書館まで貴重な本を借りにいく機会は徐々に減少している。少なくとも必要な知識の入手先という意味では、大学と書店の重要性は、同時並行的に低下しているのである。

未来の完全なインターネット社会で、キャンパスと教室、学年制や多数の専任教員を備えた大学は生き残ることができるのか――。この問いは、果たして出版社やその編集者が未来のネット社会で生き残れるのかという問いと同じ程度に真実味をもっている。もちろん、情報技術の発展が「人々がキャンパスにかぎらず、家庭や職場でもどこでも生涯にわたって教育の機会に与することができるという、ユニバーサル・パーティシペーション(万人の教育参加)」(マーティン・トロウ)を可能にするとのいささか能天気な楽観論もある。しかし、この見解には無条件では同意しがたく、むしろネットですべての知識が瞬時に検索可能となり、もう大学はいらなくなるといった悲観論に、それ自体はいくら過度に空想的でも十分な注意を払うべきだろう。

大学教師による講義や教室での討論の重要性は残るだろうが、すべての大学教師が、たとえばマイケル・サンデルのような「白熱」講義ができるわけではないし、そもそもアップル社は、世界中の大学の良質な講義をiTunes Uという仕組みでつなぎ、iPadのような次世代型携帯端末にすでに提供している。こうした動きは今後さらに加速するのは確実で、グーグルやアップル、フェイスブックといった新たなネット上の知識システムに対し、大学という相対的に古い知識形成の場が何を固有にできるのかを明らかにせざるを得ない時が来ている。

官僚制的経営体のなかの「職業としての学問」

さて、本書の探究も終着点に近づきつつある。すでに述べたように、今日の大学が抱える窮状の背後にある最大の歴史的変化は国民国家の退潮である。フンボルト型であれ、帝大型であれ、近代の大学はその根本において「想像の共同体」としての国民国家に背後から支えられた「学知の共同体」であった。もちろんこの「想像の共同体」と「学知の共同体」の関係は緊張を孕んだものであったが、それでも両者は持ちつ持たれつの関係にあったのである。

この関係はしかし、二〇世紀初頭には確実に変化し始めていた。一九一七年、つまりロシア革命と同じ年、マックス・ウェーバーはミュンヘン大学での名高い演説「職業としての学問」で、ドイツでも大学がすでに「アメリカ化」しつつあること、すなわち大学が、国民的学知の共同体というよりも、資本主義の論理に従って経営される官僚制的企業体となりつつあることに注意を喚起した。ウェーバーはこの演説で、ドイツとアメリカでは研究者のキャリアパスがまったく異なることに注目している。ドイツの場合、学位を得た若手研究者は私講師というまったく保証のない立場からキャリアを始めるが、アメリカの大学では若手研究者はまず助手になり、その後も段階的なパスが用意されている。その一方で、ドイツの大学の私講師は、資格であるから一度得てしまえば生涯失うことはないが、アメリカの大学でのポストはテニュアに達するまではいつでも大学の事情によって失うことがあり、そうならないために若手研究者は「大切な若い時代をずっと大学の仕事に追われている」。つまり、アメリカの大学を成り立たせているのは大企業と同様の官僚制であり、大学教師は俸給生活者なのである。それどころかウェーバーは、「労働者の生産手段からの乖離」が徹底しているという意味で、今や大学教師も資本主義体制下の「労働者」となりつつあると主張する。この傾向がドイツの大学にも浸透しつつあり、やがてどこの大学・学科もアメリカ式に運営されていくようになるだろう。その根幹をなすのは資本主義的かつ官僚主義的な「経営＝マネジメント」の論理に他ならない。

いかにもウェーバーらしいのは、彼がこの先で、アメリカの大学が具現している学問世界の官僚制化と、それと表裏をなす知の専門分化のなかで、「今日何か実際に学問上の仕事を完成したという誇りは、独り自己の専門に閉じ籠もることによってのみえられる」としていくところかもしれない。アメリカの大学では、人々は大学教師から「『世界観』だとか彼らの生活の基準となるべき規則だとかを売って貰うことができるなどとは夢にも思っていない」。彼らは教師に対し、「この男は俺に彼の知識や方法を俺のお父さんのお金と交換で売っているのだ、丁度野菜売りの女が俺のお母さんにキャベツを売るように」と考え、「それ以上は別に考えない」。この「大学教師＝野菜売り」説が、大いに誇張を含んでいるのはウェーバーも認めるが、それでも彼は、「このようにわざと極端に表現した考え方の中にもなお一片の真理が含まれていないかどうかは一考の余地があろう」と論じた（『職業としての学問』）。世界の大学の知的ヘゲモニーがドイツからアメリカに移っていくこの時代、ウェーバーはアメリカの大学が、彼がかつて『プロテスタンティズムの倫理と資本主義の精神』の最後で問うた「精神なき専門人」の化石化した鉄の檻となろうことは十分に予見しつつ、なおこの巨大な体制に世界が向かうただなかで、国民的な学知の共同体に回帰しようとしたり、大学に「世界の意味に関する賢人や哲学者の瞑想」を求めていったりすることの安易さを決然と戒めたのである。

エクセレンスの大学とリベラルな知

私たちは、ウェーバーほどには禁欲的になれないし、それは望ましくもないので、彼の演説から一世紀近くを経て、すでにそこで予見されていた未来がとっくにグローバルな現実となるなかで、次なる未来へのやや違う戦略を必要としている。たとえばカルチュラル・スタディーズの視座から今日の大学の窮状を看破したビル・レディングズは、その著『廃墟のなかの大学』で、「エクセレンス」の概念と真正面から向き合うことが、この窮状を内破していくために避けて通れない道であると論じた。ここでいう「エクセレンス」は、いわゆる「COE（センター・オブ・エクセレンス）」でいう「エクセレンス」と同じで、語義は「卓越性」となる。それはもともと、一九六〇年代のアメリカの教育改革論議のなかで平等主義の行き過ぎを批判して個人の能力を最大限伸ばす主張に使われ始めた言葉だが、八〇年代以降、新自由主義的潮流のなかで世界の学術政策が好んで使う概念となった。

レディングズによれば、国民国家が退潮するなかで、大学は国民的に想像された構築物である「文化＝教養」によってはその知的活動の価値を支えられなくなり、グローバルな官僚制的経営体としてますます「エクセレンス」に準拠していく。「エクセレンス」とは、ちょうどハイパー化した金融経済のように内容をもたず、真偽は問題にすらならない。その言説は政治性を帯びているが、イデオロギー的ではまったくない。つまり何らかの固有の政治的、文化的傾向性と結びついているわけではなく、純粋に非指示的、経営的な概念である。つまるところ、左翼でも右翼でもエクセレントであれば十分に大学に貢献するのだ。この純粋に交換価値的な空虚な記号を媒介に、大学は国民国家のイデオロギー装置からグローバルな官僚制的経営体へと変貌する。つまりこの概念は、「すべての活動を一つの一般化された市場にますます統合することを許し、一方で、局部的には、融通性と革新を大規模に認める」のである。

レディングズは、今日の大学が「エクセレンスに訴えることは、大学の理念がもはや存在しない、あるいは、大学の理念がいまやすべての内容を失ってしまっているという事実を示している」と主張する。だから彼は、今日の大学が「廃墟」であると考えるのだが、いくら廃墟が居心地悪いからといって、かつての理念には回帰できない。既述のように、一九世紀以降、近代の大学は理性、そして文化を普遍的な統合原理として発達してきた。カント的な意味での大学において、神学、法学、医学の三つの上級学部で確立した体系知と、哲学という下級学部の自由な探究の対立は、「普遍的な基盤を持った合理性」への道を開いた。各々の専門分野が、自由＝リベラルの知としての哲学の力を借りてその基盤を問い直すことで、自らを発展させる循環が近代的大学の活力を支えたのだ。しかし今日、国民国家に支えられて想像されてきた教養的理性は、ポスト国民国家的体制のなかで急速に縮減している。今や大学が気にしなければならないのは、「自由な理性」についての国家との緊張というよりも、エクセレンスの計算が支配する世界において意味や価値をめぐる問いそのものが失効してしまうことである。

ここで提案されるのは、エクセレンスの大学における「自由」の再定義である。レディングズは、「エクセレンスの官僚的機関としての大学は、イデオロギーとして統合されるさまざまなイディオムを必要としなくても、内部的には、たぶんに多様性をもつことができる。それらの統一性は、もはやイデオロギーの問題ではなく、拡大された市場内部における交換価値の問題」だからだと語る。エクセレンスへの関与がもたらす「脱指示化のプロセスが育む自由そのものが、巧みな方策を練るために非常に大きな空間を用意」するのである。したがって、私たちは今日、この大学の脱指示性を逆に利用していくことができる。ここに逆説的に広がる自由の場を、レディングズは「コミュニケーションの透明性という統制的理想を放棄し、アイデンティティや統一を断念した不同意の共同体」と呼ぶ。この「不同意の共同体」としての大学で浮上するリベラルな知とは、「一般化した学際空間ではなく、学問上の結合と離反が繰り返す、一種のリズム」である。私たちは未来の大学で、知の体系の分野構造を緩めながら「永続的な問題として新たな学問分野設置のための機会を設ける」自由を制度化していくべきなのだ。

国民の文化的教養や西洋の古典的教養というわけでもなく、しかしその一方で、単にコミュニケーション能力とかコンピテンシーといったものでもなく、新たなリベラルアーツを「学問上の結合と離反が繰り返す、一種のリズム」としていかに組織するのか——。この問いに答えていく上で最も重要なことは、おそらく有用な知とリベラルな知の対抗的な協働についてのカント的問いそのものは、国民国家が退潮した後においても維持されるべきだということであろう。未来の大学は、カントと同じ問いから出発し、一九世紀とは別の答えに達する。ジャック・デリダは前述の大学論において、「条件なき大学」の重要性を再提起した。私たちはポスト国民国家体制の未来において、「あらゆる類いの経済的合目的性や利害関心に奉仕するすべての研究機関から大学を厳密な意味で区別しておく」ために、大学のなかに「無条件的で前提を欠いたその議論の場を、何かを検討し再考するための正当な空間」を見出さなくてはならないのであり、それは「この種の議論を大学や〈人文学〉のなかに閉じ込めるためではなく、逆に、コミュニケーションや情報、アーカイヴ化、知の生産をめぐる新しい技術によって変容する新たな公共空間へと接近するための最良の方法を見出すため」にそうなのである。

だからこそ、私たちは今後、本書の視野を、さらに広く開きながら、二〇世紀以降に生じてきた様々な知的運動と結ばせていく必要もある。本書が確認してきたように、大学とは、自由への意志である。しかしその自由の条件は、時代とともに変化する。今日、大学はもはや資本主義の外からの批評家ではなく、資本の循環システムの重要な担い手になっており、教師も学生もその一部としてそこに存在しており、そうした回路の外だけに立つことはできない。しかし資本主義もグローバル化も重層的な性格を有し、必ずしも一元的ではない知的運動を生じさせている。そのような複雑な状況のなかで、私たちは「不同意の共同体」を、何か単一の統一原理に回帰するのではなく、学知の重層的な網の目のなかで融通を利かし、隙間を見つけていくようなやりかたで形成し、新しいリベラルアーツと、今や発見や開発だけでなくマネジメントにも注力する様々な新しい専門知の緊張感ある関係を創出していかなければならない。

二一世紀半ばまでに、大学は退潮する国民国家との関係を維持しつつも、それらを超えたグローバルな知の体制へと変貌していくだろう。世界大学ランキングが実に問題の多い仕組みでありながら影響力を増すのは、そこに大学の未来形が予感されているからである。知的に高度な人材がますます国境を越えて取引される資本主義体制では、大学はそうした人材の選別と育成、認証を担う下位機関となりがちになる。すでに述べてきたように、私たちの時代は一六世紀に似ていなくもない。時代が中世から近代へと向かったあの時代、新しい印刷技術が爆発的に普及し、それまでの都市秩序がより大きな領邦秩序に呑みこまれていくなかで大学は衰退した。ところが今、やはりデジタル技術の爆発のなかで地球大の秩序が国民的な秩序を呑みこみながらも、時代はむしろ近代からより中世的な様相を帯びた世界に向かっている。そうしたなかでの大学の再定義に必要なのは、近代的な戦略とは根本的に異なる何かである。

実際、ますます莫大な情報がネット空間で流通し、翻訳され、蓄積され、検索され、可視化されていくなかで、大学にはやがて新しい世代が登場し、彼らは地球上の様々な知識運動と連携しながら新たな知を編集し、革新的なプラットフォームを創出していくことだろう。中世以来の名門大学が近代に生き残ったのと同じように、現代の主要大学はポスト国民国家時代にも生き残るだろうが、その時代には、都市や国家を基盤にするのではない、まったく新しいタイプの大学もデジタル化した知識基盤の上に登場してくる。私たちが生きているのは、そうした新時代へのとば口である。「エクセレンス」の大学というそれ自体は空虚な未来形のなかで、大学は今後とも意味を紡ぎ続ける。それが可能であるためには、大学は「エクセレンス」と同時に「自由」の空間を創出し続けなければならない。新しい「自由＝リベラル」にポスト国民国家時代の形を与えていくことは、今日の大学に課せられた実践的な使命である。

あとがき

なんとも大風呂敷な書名をつけたものだ。この本の著者は、教育学の専門家でも何でもないくせに、真正面から「大学の再定義」を掲げ、相手の本丸に飛び込むつもりらしい。かつて蓮實重彦は、東大総長退任の直後にまとめた論集の末尾で、「何々とは何か」というもっともらしい問いかけをすることのいかがわしさに触れた。それは、彼の経験では「とは何か」という原理的な問いを立てたがる人に、ろくな人間がいたためしがない」からだというが、こうした大仰な言い回しが、「これは何々でありうる可能性が感じられるので、それが現実にその何々になるまで、それに寄り添ってみたい」という心の動きを押し潰してしまうのを嫌ったからでもある(『私が大学について知っている二、三の事柄』)。大学の定義を問い、これに答えを与えることは、大学が「何々でありうる」蠢きに寄り添うことを瑣末な実践と思わせかねない。

それにもかかわらず、私はなぜ、あえて「大学とは何か」を問おうとするのか。本書を通じて私は、「大学とは何々である」という究極の答えよりも、そのような定義がいかに揺らぎ、崩壊し、異なる知識基盤に取って代わられていったのか、また新たな定義はいかに想像され、移植されたのか、そうした様々な定義や再定義の折り重なりが、いかに今日の大学の表面上の統一の背後で蠢いているのかに関心を向けてきた。つまり、「大学とは何か」の答えを導くことよりも、そのような問いが成り立つ複数の地平の歴史的変容を捉えたいと考えてきた。

それでももし、本書を貫いて大学に何らかの定義が与えられるのなら、それはたぶん次のようなものだ。——大学とは、メディアである。大学は、図書館や博物館、劇場、広場、そして都市がメディアであるのと同じようにメディアなのだ。メディアとしての大学は、人と人、人と知識の出会いを持続的に媒介する。その媒介の基本原理は「自由」にあり、だからこそ近代以降、同じく「自由」を志向するメディアたる出版と、厭が応でも大学は複雑な対抗的連携で結ばれてきた。中世には都市がメディアとしての大学の基盤であり、近世になると出版が大学の外で発達し、国民国家の時代に両者は統合された。そして今、出版の銀河系からネットの銀河系への移行が急激に進むなか、メディアとしての大学の位相も劇的に変化しつつある。

したがって本書は、「大学」という領域へのメディア論的な介入の試みである。大学を、所与の教育制度として捉える以前に、知を媒介する集合的実践が構造化された場として理解すること。そのように大学を再定義することで、大学をめぐる今日の窮状を打開する糸口をつかめるのではないか。少なくともこれにより、〈大学〉という問いの射程は大幅に拡張される。

二〇一一年三月一一日に起きた震災と原発事故により、今日、「豊かな戦後」の終わりは決定的となった。「戦後」ばかりではない。一九世紀から続いた国民国家の「近代」も、今や確実に終焉に向かっている。大学の価値やそれへの信頼もまた、危機に瀕している。激増した大学と飽和する人材市場の狭間で、膨大な高学歴層が職を求めて彷徨っている。大学にとって困難な日々は続くだろう。しかし、当たり前と思われていたことが根底から疑われだす時代、人々は新しい価値を求めている。その新しさは、決して突然、誰かの閃きで生まれはしない。歴史の沃土が、そこから養分を吸い上げ、化合させる大学というメディアが必要なのである。

本書を閉じるに際し、多くの方にお礼を申し上げたい。本書はあくまで一人の学者の立場で書かれたものだが、私が在職する大学での様々な経験が、こうした本を書こうと思った背景になかったと言えば嘘になる。とりわけ東京大学大学院情報学環の同僚、同大学総合教育研究センターや教育企画室の諸兄、小宮山宏前総長とその執行部の方々、そして濱田純一総長と現執行部の方々に深く感謝する。最後に、岩波新書編集部の小田野耕明氏には、いつも仕事を溜めこみ約束を反古にする常習犯に最後までお付き合いいただき、心よりお礼を申し上げたい。

二〇一一年六月二〇日

吉見俊哉

主な参考文献

序章

天野郁夫『大学改革の社会学』玉川大学出版部，2006 年
天野郁夫『国立大学・法人化の行方』東信堂，2008 年
アレゼール日本編『大学界改造要綱』藤原書店，2003 年
石弘光『大学はどこへ行く』講談社現代新書，2002 年
猪木武徳『大学の反省』NTT 出版，2009 年
岩崎稔・小沢弘明編『激震！ 国立大学』未来社，1999 年
潮木守一『世界の大学危機』中公新書，2004 年
オルテガ・イ・ガセット，ホセ『大学の使命』井上正訳，玉川大学出版部，1996 年
金子元久『大学の教育力』ちくま新書，2007 年
苅部直『移りゆく「教養」』NTT 出版，2007 年
カント，イマニュエル「諸学部の争い」角忍・竹山重光訳，『カント全集』第 18 巻，岩波書店，2002 年
黒木登志夫『落下傘学長奮闘記』中公新書ラクレ，2009 年
舘昭『大学改革 日本とアメリカ』玉川大学出版部，1997 年
『大学革命』(別冊『環』2 巻)，藤原書店，2001 年
立花隆『東大生はバカになったか』文春文庫，2004 年
筒井清忠『日本型「教養」の運命』岩波書店，1995 年
筒井清忠『新しい教養を求めて』中央公論新社，2000 年
堤清二・橋爪大三郎『選択・責任・連帯の教育改革』勁草書房，1999 年
中井浩一『徹底検証　大学法人化』中公新書ラクレ，2004 年
中井浩一『大学「法人化」以後』中公新書ラクレ，2008 年
ニューマン，ジョン・ヘンリー『大学で何を学ぶか』ピーター・ミルワード編，田中秀人訳，大修館書店，1983 年
ペリカン，ヤーロスラフ『大学とは何か』田口孝夫訳，法政大学出版局，1996 年

I 章

アシュビー，エリック『科学革命と大学』島田雄次郎訳，中公文庫，1977 年
ヴェルジェ，ジャック『中世の大学』大高順雄訳，みすず書房，1979 年
ギンガリッチ，オーウェン他『コペルニクス』林大訳，大月書店，2008 年
グリーン，ヴィヴィアン・H. H.『イギリスの大学』安原義仁他訳，法政大学出版局，1994 年

主な参考文献

児玉善仁『ヴェネツィアの放浪教師』平凡社，1993年
児玉善仁『イタリアの中世大学』名古屋大学出版会，2007年
シェイピン，スティーブン『「科学革命」とは何だったのか』川田勝訳，白水社，1998年
シャルル，クリストフ他『大学の歴史』岡山茂他訳，白水社，2009年
田中峰男『知の運動』ミネルヴァ書房，1995年
ハスキンズ，チャールズ・H.『大学の起源』青木靖三他訳，八坂書房，2009年
ハスキンズ，チャールズ・H.『十二世紀ルネサンス』別宮貞徳他訳，みすず書房，2007年
ピレンヌ，アンリ『中世都市』佐々木克巳訳，創文社，1970年
ブロック，マルク『封建社会』1・2，新村猛他訳，みすず書房，1973年
プラール，ハンス＝ヴェルナー『大学制度の社会史』山本尤訳，法政大学出版局，1988年
ホイジンガ，ヨーハン『中世の秋』堀越孝一訳，中公文庫，1976年
マルー，アンリ・I.『古代教育文化史』横尾壮英他訳，岩波書店，1985年
ルゴフ，ジャック『中世の知識人』柏木英彦他訳，岩波新書，1977年
ルーベンスタイン，リチャード・E.『中世の覚醒』小沢千重子訳，紀伊國屋書店，2008年

Ⅱ章

アイゼンステイン，エリザベス・L.『印刷革命』小川昭子他訳，みすず書房，1987年
アーノルド，マシュー『教養と無秩序』多田英次訳，岩波文庫，1946年
アリエス，フィリップ『〈教育〉の誕生』中内敏夫他編訳，新評論，1983年
市川慎一『百科全書派の世界』世界書院，1995年
ウィリアムズ，レイモンド『文化と社会』若松繁信他訳，ミネルヴァ書房，1968年
ウェブスター，ダンカン『アメリカを見ろ！』安岡真訳，白水社，1993年
潮木守一『近代大学の形成と変容』東京大学出版会，1973年
潮木守一『ドイツの大学』講談社学術文庫，1992年
潮木守一『アメリカの大学』講談社学術文庫，1993年
潮木守一『フンボルト理念の終焉？』東信堂，2008年
エリアス，ノルベルト『宮廷社会』波田節夫訳，法政大学出版局，1981年
隠岐さや香『科学アカデミーと「有用な科学」』名古屋大学出版会，2011年
シャルチエ，ロジェ『書物の秩序』長谷川輝夫訳，筑摩書房，1996年
Judy, Ronald A. T., *Dis-Forming the American Canon*, University of Minnesota Press, 1993

シラー，フリードリヒ・F.『人間の美的教育について』小栗孝則訳，法政大学出版局，2003年
曽田長人『人文主義と国民形成』知泉書館，2005年
デリダ，ジャック『条件なき大学』西山雄二訳，月曜社，2008年
中川久定『啓蒙の世紀の光のもとで』岩波書店，1994年
バーク，ピーター『知識の社会史』井山弘幸他訳，新曜社，2004年
フィヒテ，ヨハン・G.『学者の使命　学者の本質』宮崎洋三訳，岩波文庫，1942年
フェーブル・リュシアン他『書物の出現』上・下，関根素子他訳，筑摩書房，1985年
フーコー，ミシェル『言葉と物』渡辺一民他訳，新潮社，1974年
マクルーハン，H. マーシャル『グーテンベルクの銀河系』森常治訳，みすず書房，1986年
南川高志編著『知と学びのヨーロッパ史』ミネルヴァ書房，2007年
吉見俊哉『カルチュラル・スタディーズ』岩波書店，2000年
吉見俊哉『博覧会の政治学』中公新書，1992年／講談社学術文庫，2010年
Leavis, F. R., *Education and the University*, Cambridge University Press, 1943
リンガー，フリッツ・K.『読書人の没落』西村稔訳，名古屋大学出版会，1991年
ルドルフ，フレデリック『アメリカ大学史』阿部美哉他訳，玉川大学出版部，2003年
ルナン，エルネスト他『国民とは何か』インスクリプト，1997年
レディングズ，ビル『廃墟のなかの大学』青木健他訳，法政大学出版局，2000年

Ⅲ章

天野郁夫『大学の誕生』上・下，中公新書，2009年
潮木守一『京都帝国大学の挑戦』講談社学術文庫，1997年
大久保利謙編『森有礼全集』宣文堂書店，1972年
大久保利謙『明六社』講談社学術文庫，2007年
大淀昇一『技術官僚の政治参画』中公新書，1997年
加藤詔士「日本・スコットランド教育文化交流の諸相」『名古屋大学大学院教育発達科学研究科紀要』56巻2号，2009年
北正巳『御雇い外国人ヘンリー・ダイアー』文生書院，2007年
瀬上正仁『明治のスウェーデンボルグ』春風社，2001年
園田英弘『西洋化の構造』思文閣出版，1993年
竹内洋『大学という病』中公叢書，2001年

主な参考文献

竹内洋『教養主義の没落』中公新書，2003 年
立花隆『天皇と東大』上・下，文藝春秋，2005 年
寺崎昌男『東京大学の歴史』講談社学術文庫，2007 年
東京大学百年史編集委員会『東京大學百年史』東京大学，1984-87 年
中野実『東京大学物語』吉川弘文館，1999 年
中野実『近代日本大学制度の成立』吉川弘文館，2003 年
永嶺重敏『雑誌と読者の近代』日本エディタースクール出版部，1997 年
中山茂『帝国大学の誕生』中公新書，1978 年
長谷川精一『森有礼における国民的主体の創出』思文閣出版，2007 年
林竹二「森有礼」『林竹二著作集』第 2 巻，筑摩書房，1986 年
福沢諭吉『学問のすゝめ』岩波文庫，1942 年
松田宏一郎『江戸の知識から明治の政治へ』ぺりかん社，2008 年
松本三之介『吉野作造』東京大学出版会，2008 年
三好信裕『ダイアーの日本』福村出版，1989 年
三好信裕編『ヘンリー・ダイアー著作集成』全 5 巻，エディション・シナプス，2005 年
『明六雑誌』全 3 巻，山室信一・中野目徹校注，岩波文庫，1999-2009 年
森田草平『私の共産主義』新星社，1948 年
吉見俊哉「運動会の思想」『思想』844 号，1994 年

Ⅳ章

天野郁夫「日本の大学院問題」『IDE』466 号，2005 年
安藤丈将「日常性の自己変革の参照点を探して」『早稲田政治経済学雑誌』369 号，2007 年
荒井克弘「科学技術の新段階と大学院教育」『教育社会学研究』45 集，1989 年
大崎仁『大学改革　1945-1999』有斐閣，1999 年
小熊英二『1968』上・下，新曜社，2009 年
小阪修平『思想としての全共闘世代』ちくま新書，2006 年
小林信一「若手研究者の養成」『高等教育研究紀要』19 号，2004 年
小林雅之「高等教育の多様化政策」『大学財務経営研究』第 1 号，2004 年
絓秀美編『1968』作品社，2005 年
関正夫『日本の大学教育改革』玉川大学出版部，1988 年
島泰三『安田講堂 1968-1969』中公新書，2005 年
橘木俊詔『東京大学　エリート養成機関の盛衰』岩波書店，2009 年
土持ゲーリー法一『戦後日本の高等教育改革政策』玉川大学出版部，2006 年
永井道雄「「大学公社」案の提唱」『世界』1962 年 10 月号
永井道雄『未完の大学改革』中公叢書，2002 年

長崎浩『叛乱論』合同出版，1969年／彩流社，1991年
長崎浩『叛乱の六〇年代』論創社，2010年
中島誠編『全学連』三一新書，1968年
南原繁『文化と国家』東京大学出版会，1957年
橋本鉱市他編『リーディングス　日本の高等教育』全8巻，2011年
バーシェイ，アンドリュー『南原繁と長谷川如是閑』宮本盛太郎監訳，ミネルヴァ書房，1995年
ブルデュー，ピエール『遺産相続者たち』石井洋二郎監訳，藤原書店，1997年
山口周三『資料で読み解く　南原繁と戦後教育改革』東信堂，2009年
吉見俊哉『ポスト戦後社会』岩波新書，2009年
四方田犬彦『ハイスクール1968』新潮社，2004年
ロスブラット，シェルダン『教養教育の系譜』吉田文他訳，玉川大学出版部，1999年

終章・あとがき

ウェーバー，マックス『職業としての学問』尾高邦雄訳，岩波文庫，1936年
サイード，エドワード『知識人とは何か』大橋洋一訳，平凡社，1995年
シリングスバーグ，ピーター『グーテンベルクからグーグルへ』明星聖子他訳，慶應義塾大学出版会，2009年
De Barry, Brett eds., *Universities in Translation*, Hong Kong University Press, 2010
Yoda, Tomiko et. al., eds., Japan After Japan, Duke University Press, 2006
トロウ，マーチン『高度情報社会の大学』喜多村和之監訳，玉川大学出版部，2000年
西山雄二『哲学と大学』未来社，2009年
蓮實重彦『私が大学について知っている二，三の事柄』東京大学出版会，2001年
ブルデュー，ピエール『ホモ・アカデミクス』石崎晴己他訳，藤原書店，1997年
ミヨシ，マサオ・吉本光宏『抵抗の場へ』洛北出版，2007年
リオタール，ジャン＝フランソワ『ポスト・モダンの条件』小林康夫訳，書肆風の薔薇，1986年
リースマン，デイヴィッド『大学教育論』新堀通也他訳，みすず書房，1961年

吉見俊哉

1957年東京都生まれ
1987年東京大学大学院社会学研究科博士課程単位取得退学
東京大学大学院情報学環教授を経て,
現在一國學院大學観光まちづくり学部教授
専攻一社会学・文化研究・メディア研究
著書一『都市のドラマトゥルギー』(弘文堂,のち河出文庫)『カルチュラル・スタディーズ』『視覚都市の地政学』『空襲論』(以上,岩波書店)『ポスト戦後社会』『親米と反米』『大学は何処へ 未来への設計』『トランプのアメリカに住む』『平成時代』『アメリカ・イン・ジャパン』(以上,岩波新書)『「文系学部廃止」の衝撃』『大予言』『東京裏返し』『さらば東大』(以上,集英社新書)『五輪と戦後』(河出書房新社)『大学という理念 絶望のその先へ』(東京大学出版会) ほか多数

大学とは何か　岩波新書(新赤版)1318

2011年7月20日　第1刷発行
2025年4月4日　第16刷発行

著者　吉見俊哉《よしみしゅんや》

発行者　坂本政謙

発行所　株式会社 岩波書店
〒101-8002 東京都千代田区一ツ橋2-5-5
案内 03-5210-4000　営業部 03-5210-4111
https://www.iwanami.co.jp/

新書編集部 03-5210-4054
https://www.iwanami.co.jp/sin/

印刷・三陽社　カバー・半七印刷　製本・中永製本

ISBN 978-4-00-431318-2　Printed in Japan

岩波新書新赤版一〇〇〇点に際して

ひとつの時代が終わったと言われて久しい。だが、その先にいかなる時代を展望するのか、私たちはその輪郭すら描きえていない。二〇世紀から持ち越した課題の多くは、未だ解決の緒を見つけることのできないままであり、二一世紀が新たに招きよせた問題も少なくない。グローバル資本主義の浸透、憎悪の連鎖、暴力の応酬――世界は混沌として深い不安の只中にある。

現代社会においては変化が常態となり、速さと新しさに絶対的な価値が与えられた。消費社会の深化と情報技術の革命は、種々の境界を無くし、人々の生活やコミュニケーションの様式を根底から変容させてきた。ライフスタイルは多様化し、一面では個人の生き方をそれぞれが選びとる時代が始まっている。同時に、新たな格差が生まれ、様々な次元での亀裂や分断が深まっている。社会や歴史に対する意識が揺らぎ、普遍的な理念に対する根本的な懐疑や、現実を変えることへの無力感がひそかに根を張りつつある。そして生きることに誰もが困難を覚える時代が到来している。

しかし、日常生活のそれぞれの場で、自由と民主主義を獲得し実践することを通じて、私たち自身がそうした閉塞を乗り超え、希望の時代の幕開けを告げてゆくことは不可能ではあるまい。そのために、いま求められていること――それは、個と個の間で開かれた対話を積み重ねながら、人間らしく生きることの条件について一人ひとりが粘り強く思考することではないか。その営みの糧となるものが、教養に外ならないと私たちは考える。歴史とは何か、よく生きるとはいかなることか、世界そして人間はどこへ向かうべきなのか――こうした根源的な問いとの格闘が、文化と知の厚みを作り出し、個人と社会を支える基盤としての教養となった。まさにそのような教養への道案内こそ、岩波新書が創刊以来、追求してきたことである。

岩波新書は、日中戦争下の一九三八年一一月に赤版として創刊された。創刊の辞は、道義の精神に則らない日本の行動を憂慮し、批判的精神と良心的行動の欠如を戒めつつ、現代人の現代的教養を刊行の目的とする、と謳っている。以後、青版、黄版、新赤版と装いを改めながら、合計二五〇〇点余りを世に問うてきた。そして、いままた新赤版が一〇〇〇点を迎えたのを機に、人間の理性と良心への信頼を再確認し、それに裏打ちされた文化を培っていく決意を込めて、新しい装丁のもとに再出発したいと思う。一冊一冊から吹き出す新風が一人でも多くの読者の許に届くこと、そして希望ある時代への想像力を豊かにかき立てることを切に願う。

（二〇〇六年四月）